人づくりで幸せと豊かさを

――NSGグループの挑戦

はじめに

私たちNSGグループは現在、新潟を中心に教育関連事業や医療・介護・福祉・保育事業、それから事業創造のほか、地域密着型スポーツチームや文化活動への支援などを行っています。こうしたことを私たちがどのような考えに基づいて、どのようなことを目指しながら行っているかを示しているのが本書です。

このことはNSGグループの活動に関わりがある人や興味のある人たちに、私たちのことを広く知っていただくために必要なことだと考えました。また私たち自身が絶えず自分たちの活動を見つめ直しながら力強く前に進んでいくためにも重要と考えて、今回改めてまとめてみました。

お陰様でNSGグループは、二〇二六年に創立50周年を迎えます。この間、様々な新規事業に挑戦しながら、時代の移り変わりの中で奮闘し続けてきました。しかし創業者としての私の考えの根本は、創業当初からなんら変わっていません。

教育関連事業を主たる柱にして多くの人と関わり、その人たちの幸福で豊かな人生の実現をお手伝いすること。そしてその輪を広げていく形で地域社会を変え、日本全体、さらには国際社会にも好影響を与えることで世界全体の発展に寄与するというのが、ＮＳＧグループが創業以来ずっと目指していることです。

国際社会では近年、来たるべき未来を見据えて、持続可能な社会を実現するべくＳＤＧs（Sustainable Development Goals・持続可能な開発目標）を掲げて積極的に活動に取り組んでいます。私たちは創業以来、同じ趣旨の活動を「人づくり」を柱にしながら進めてきました。

これはどんなことでもそうですが、活動の中心にいるのは人です。そこに優秀な人がいるとうまくいきやすくなりますが、そんなふうに核となって動く優秀な「人財」を育成し、社会を幸福で豊かなものにしたり、困難な状況を突破していきやすくするのが、私たちが「人づくり」を活動の柱にしている理由です。ちなみに私たちは、人は社会を動かす大きな力を秘めていると考えて、「人材」ではなく社会の貴重な財産たる「人財」という言葉を使っています。

ただし、ここでいう優秀さは、世の中で大いに価値が認められている、いわゆる学力の優秀さに限定されるものではありません。学力の優秀さはもちろん大事ですが、加えてさらに大事なものがあると私たちは考えています。それは自らの意思で立ち上がり、進むべき道を決めて、その目標に向かって力強く邁進していくこと。そんな真に自立した人生を、大きな喜びを感じながら進んでいくことができる力と、さらには自分のことだけでなくまわりの人たちを気遣い、幸福や豊かさを分かち合えるような人が、私たちが育てたい優秀な人財の姿です。

このような人の育成を行うことは、何よりもその人自身の人生を喜びの多い充実したものにすることにつながると確信しています。そしてそのような優秀な人が増えると、社会はどんどん変わっていきます。優秀な人財が活躍することで地域社会はどんどん元気になり、その輪が広がると、日本全体、さらには世界が元気になります。そのような好循環をまずは身近なところでつくり、徐々に広げていく形で、地域社会、日本、さらには世界の発展のために好影響を与えていくのが、「人づくり」を柱としながら私たちが目指していることです。

後に改めて触れますが、こうした活動はもともと私が生まれ育った地方都市・新潟を活性化するために始めました。地方都市はどこも似たような状況で、東京など大都市優先の環境整備等の負の影響を受ける形での衰退がいまも続いています。危機感を抱いて地域のために動いた人たちや、私たちの奮闘もあって、新潟の状況は少しずつ変わってきていると実感しています。しかし少しでも気を抜くと、すぐにでも悪化する状況は続いているので、そうさせないように今後もグループとして新しいことにどんどん挑戦していきたいと考えています。

一方で、国際競争力の低下など、近年は日本の先行きを心配する声が大きくなっています。また世界に目を向けると、まだまだ発展途上の国々が数多くあり、自国の将来を心配する声も聞かれます。そのような状況を改善していく上で、核となって活動する優秀な人財の育成は不可欠です。その意味で、「人づくり」のノウハウを持つＮＳＧグループが、世界の中で直接的、あるいは間接的に果たすべき役割は、これからますます大きくなっていくでしょう。

本書で取り上げているＮＳＧグループの考え方や活動のあり方は、自分自身や社会をより良いものに変えるための、あるいは困難な状況を乗り越えていくためのヒントになり得るものだと確信しています。私たちはこれを「ＮＳＧモデル」と呼んでいますが、日本国内の他の地域、あるいは海外の国々の地域の発展のために参考になる点が多々あるでしょう。

地域社会発のこのＮＳＧモデルについて、参考になるものをぜひ本書から吸収してください。またより深く知りたいと思ったら、ぜひＮＳＧグループの活動に直接触れることができる新潟の地で、学生、社会人、経営者などの立場で実際に活動しながらより深く学んでいただければと思います。

私たちが推奨している自立した生き方を学ぶことは、夢の実現や充実した人生など、個人の生き方を真剣に考え、改善していく上で大いにプラスになるでしょう。もちろん私たちがおよそ50年かけて行ってきた取り組みは、目的を同じくするＳＤＧｓのための活動にも参考になるでしょう。本書にはそのような活用法もあることを付け加えておきます。

いずれの形であれ、本書がみなさん自身の人生や、みなさんが住んでいる地域社会や国の発展、それから世界の重要な課題となっているＳＤＧｓのための活動など、様々なことに大いに役立つことを心から願っています。

池田　弘

目　次

第3章 私たちの幸福論

第4章　私たちの「人づくり」

第5章　私たちが目指している「まちづくり」

第6章　私たちが考える社会貢献

第1章

私たちの挑戦

私たちが目指していること

ＮＳＧグループについて簡単に紹介します。ＮＳＧグループは教育関連事業と医療・介護・福祉・保育事業を中核とする事業グループです。これらに加えて、地域に根付いた活動を目指しているベンチャー企業の育成や、さらにはＪリーグ所属のプロサッカークラブをはじめとする様々な地域密着型スポーツチームの運営や地域の文化活動のサポートなどを行っています。

私たちが目指しているのは幸福と豊かさの実現です。この意味については後に詳しく述べますが、グループの活動はすべてそのためのものです。事業の多くは公共性の高いもので、それらを民間の立場で取り組んでいるのが私たちのグループの特徴です。そして目標の実現のために、地方都市・新潟を中心（※福島・郡山など他の地域でも事業を展開しています）に日々奮闘し続けています。

ＮＳＧグループの活動は、四つの柱に基づいて行われています。それは「人づくり」「安心づくり」「仕事づくり」「魅力づくり」の四つです。それぞれについて、以下に述べていきます。

一つめの柱である「人づくり」は、地域社会を起点に、日本、さらには世界を豊かにしていくために必要な人財を育成するためのものです。この前提には、その人たち自身の幸福で豊かな人生の実現があります。そのためのお手伝いを行いながら、さらには人財育成などを通じて地域社会に貢献するのがＮＳＧグループの目標になっています。

この人づくりの活動の中心にあるのが教育関連事業で、グループの中核事業になっています。現在は、大学院大学、大学、専門学校、高等学校、認定こども園、保育園、学習塾、資格取得スクールなどを運営しています。またダンスやサッカーなどのスポーツスクール、各種社会人スクールなども擁して、幼児から大人まであらゆることを学ぶことができる、生涯学習の場を提供しています。

二つめの柱の「安心づくり」は、医療・介護・福祉・保育事業を通じて取り組んでいます。豊かな社会づくりを行う上で、健康や老後の生活に対する安心感を人々が日常的に感じられるかが重要な要素になります。そのように人々が安心かつ安全で、かつ健康的に暮らすことができる社会を下支えすることを目的として、私たちは医療・介護・福祉・保育事業に取り組んでいます。

具体的には、学校運営を通じて専門的な知識や技能を備えた人財を育成する一方で、グループとして病院や福祉・介護の施設を直接運営しながら安心づくりを行っています。現在、グループ内には複数の病院と、数多くの福祉・介護の事業所があります。また子育て支援につながる保育に関しても、複数の保育園や認定こども園等の運営を通じて行っています。

次いで三つめの柱は「仕事づくり」です。地域社会の活性化は人々が働く場があってこそ実現できるものです。そのための活動がこの仕事づくりです。こちらは新規事業の創造、既存事業のイノベーション、起業家支援、老舗企業の再生など様々な形で行い、これらを通じて働きがいのある職場の創造に取り組んでいます。

最後の柱の「魅力づくり」は、地域の発展のために取り組んでいるものです。魅力のある地域に住んでいる人たちは、幸福や豊かさを感じやすくなります。また住みたい、あるいは訪れてみたいと思う人を増やすことは、地域の活性化につながります。そうした状態をつくるべく、自然環境や文化など地域の財産を見直しながら魅力づくりに取り組んでいます。具体的には、地域密着型スポーツチームの運営やサポートをはじめ、お祭りや文化イベントの支援や積極的な情報発信などを通じて地域の魅力づくりを進めています。

以上がＮＳＧグループの活動の四つの柱です。ここではごく簡単に触れましたが、後ほど本書の中でそれぞれ詳しく紹介することにします。

創業前に感じ、考えていたこと

これらの活動は、経営理念に基づいて行われています。「**人々の幸福と豊かさを実現するために　社会のニーズに合った事業の可能性を追求し　地域社会・国家・国際社会の発展に寄与する**」というのがＮＳＧグループの経営理念です。この経営理念は創業者である私の思いそのもので、創業前から感じ、考えていたことを改めて表現したものがグループの目標になっています。

なぜこうした思いに至ったのかを知っていただくために、私のことについて少し触れておきます。私は一九四九年に新潟市の古町通りにある二つの小さなお宮の宮司の長男として生まれました。生まれたときからまわりは、将来私が宮司を継ぐということを既定路線であるかのように考えていて、実際、後に古町愛宕神社の18代目、古町神明宮の14代目の宮司を務めました。しかし戦後の復興の中であらゆることは大きく変わっていった時代だったので、そこに至るまでにはいろいろな思いが交錯していました。

私が生まれ育った古町という地域は新潟一の繁華街で、近所には多くの商店や昔から続く名家のほか、芸妓の置屋さんなどもありました。そして神社の活動は、氏子としてこのような方たちが支えてくださっていました。父が氏子さんの家を回って、春祭り・秋祭り・正月・節分のご寄付をいただき、そのお返しのお札や御神酒・御菓子などを一軒一軒回ってお配りするのが、小さい頃から私の役割になっていました。そうした生活をしている中で、地域がどんどん変わって寂しくなっていくのを肌で感じました。

この頃の私が経験したのは、いわゆるドーナツ化現象というものです。都市化の進行で都心の居住人口が減少していく一方で、人が流れていく郊外が栄えていく現象のことです。住人が減っていくと地域の活気は失われて、お店がつぶれたり、地域行事も行いにくくなるなどしながら衰退していきます。これが私の住む地域で起きていたことで、氏子さんに支えられて活動している神社にとってはまさしく死活問題でした。

最近は東京一極集中と少子高齢化の影響で、地方都市では中心部だけでなく郊外の人口も減っています。また大都市でも高齢化によって、若者が減った郊外では地域行事が行いにくくなるなどコミュニティの崩壊が進んでいるとされています。私が体験したのは、その先駆けのようなものでした。

そんな状況で宮司を継ぐのは、勇気と相応の覚悟がいることでした。しかも戦後しばらくは、戦争に突入する原因となった国家神道へのアレルギーから、古くからある神道まで否定する風潮が社会の中に強くありました。神職として生きていく上で、経済的な障害だけでなく、精神的な障害も大きかったので、神社の跡取り以外の選択肢も考えながら、自分がこれからどう生きるべきか大いに悩みました。この時期は精神的放浪でもしていたように様々な哲学書や宗教書などを読みあさりました。

その頃出合った哲学者ニーチェの著書には、とくに大きな影響を受けました。牧師の家に生まれた彼は、周囲が拠り所にしていたキリスト教に反発していたようで、幼少期に父や弟を亡くすつらい経験をしたり、自らも自殺未遂をしたり精神を病んだりする過酷な体験をしながら人生について考え続けました。私の場合は少し事情がちがいましたが、目に見えないものを信仰する宗教の不可思議さへの興味が強く、容易に答えが得られない難題に関心を持ちながら、人生とは何か、自分はどう生きるべきかを問い続けていたのは同じでした。その点で共感できたのかもしれません。

そして私の背中を強く押してくれたのもニーチェでした。彼の思想をまとめた『ツァラトゥストラはかく語りき』に「これが人生か、さらばもう一度」という一節があります。彼の代表的な思想である「永劫回帰」について説いたとされるこの言葉にはいろいろな解釈があるようですが、私はそれまでの葛藤を超えて、素直に「人生は価値のあるもの」と受け止められるようになりました。そしてわからないことがあったとしても性急に答えを求めず、一生かけて感じ、考えればいいのではないかと思うようになり、神社の跡継ぎという自分の宿命も前向きな気持ちで受け入れられるようになったのでした。

私はもともと「人の役に立ちたい」というのと、「自分が生まれた土地に恩返しをしたい」という思いを持っていました。人々の信仰心が失われていく中で、神社の仕事だけでそれらを実現するのは難しくなっていたものの、一方で身近にある神社を大切に思ってくださる人たちの姿もたくさん見ていました。そういう身のまわりで感じた複雑な事情を、迷いながらも自分なりに受け入れられるようになり、様々なものと共存しながら進んでいこうという気持ちになれたのでした。

ただし当時は前述のように人口減によって、地域はどんどん衰退していました。神社の役割は人々の幸福を願い、地域を活性化することですが、宮司の主な仕事であるご祈祷（神様に願いを祈り捧げる儀式）をはじめとする宗教活動でその役割を果たすことは難しくなっていました。また人口減による氏子さんの減少は、神社の経済に打撃を与え、存続さえ危うくしていたので早急に解決策を講じる必要がありました。そこで考えたのが神社の仕事をする一方で、人の役に立ち、なおかつ地域の活性化につながる社会的な事業を行い、自分が受け取る利益の一部を寄付することで神社の経済を支えるという方法です。宮司と経営者の二足のワラジを履きながら、自分が考える役割を果たしていくことにしたのでした。

こうして神社の敷地の一角に、学習塾、カルチャースクール、5カ国語の語学の学校、資格取得の講座の4部門からなる民間教育機関を設立しました。一九七六年のことで、これがNSGグループのそもそもの原点となりました。

人づくりから、地域づくり、国や世界の繁栄へ

経営者としての活動で教育事業を選択したのは、人に深く関わることができると考えたからです。宮司の役割は、ご祈祷という神事を通して身近な人たちの心に寄り添うことで、それ自体は価値あることだと思っていました。一方で、より多くの人たちに関わりながら、幸福になるためのお手伝いをしたいという気持ちが強かったので、実務として多くの人生に関わりながらそれができる教育事業に大きな魅力を感じていました。

また地域の活性化を願っていたので、自分が人に関わることで起こる変化への期待もありました。人の力は大きく、だれかが動くと必ず何かが起こります。強い意志を持って行動する人がいる場合はなおさらで、そのまわりでは大きな変化が見られます。そんな大きな力を持っている人の可能性に強く期待していたこともあって、事業を始めるにあたって「人づくり」を活動の柱にしようと考えたのです。

幸いにも教育事業は、私のもう一つの顔である宮司が行う事業としても最適でした。江戸時代の日本には、子どもたちに読み書き算盤などを教える民間の私的教育機関が全国の

至るところにありました。これらは「寺子屋」と呼ばれていたことからもわかるように、お寺や神社で行われることが多かったようです。創業当時も、神社が幼稚園を経営したりということがふつうに行われていました。

もちろん当時の私には教育事業のノウハウがまったくありませんでしたが、このとき共に立ち上がってくれた、いとこの渡辺敏彦さんには語学学校や学習塾の講師の経験がありました。そのことも私の背中を強く押してくれました。私が経営、渡辺さんが教育を担当する二人三脚の形で事業をスタートさせることができました。私が25歳、渡辺さんが27歳の時で、限られたわずかな資金で始めた、希望だけに燃えている若者たちの挑戦は、本当に苦労の連続でした。

とにもかくにも学校を運営してみると、人の力による変化はすぐに起こりました。学校に通う人たちが集まることで、周辺の地域がなんとなく活気付いてきたのです。とくに若い人たちの存在は重要で、地域に若い人たちが訪れて活動するようになるとそれだけで活気が生まれました。最初は小さな変化でしたが、その後いくつかの学校を近隣に開校させるうちに、次第に大きく変わっていくのが実感できました。

学校ができたことで、神社のある商店街にたくさんの学生や教職員がやってくるようになりました。彼らが近隣のお店を利用することで、地域の経済がそれまでとは別の動き方をするようになったのです。ことに専門学校や大学などの場合は、遠距離で自宅から通えない人は親元を離れて、一時的に地域の住民になりながら学業に励むことになります。そういう人たちが日常生活を送るために地域で消費活動をすることで、地域の経済に好循環が生まれたのです。

学生や教職員を受け入れるための寮やアパートができたり、彼らを目当てにして新しい店もできました。これらはほんの一例に過ぎませんが、人が集まることで生まれる力によって、地域にそれまでとはまったく異なる賑わいが生まれました。それでも時代の流れには逆らえず、地域の衰退はその後も続いています。しかし一時期、シャッター商店街の状態になり、町としての存続を危ぶむ声さえあった頃に比べると状況はかなり変わってきたので、地域の活性化を目指している私にとっては小さいながらもうれしい変化でした。

一方で、私が期待していた人の力には、地域の活性化の担い手としてのものもありました。自分一人ができることは限られますが、同じ目標に向かっている人がたくさんいると、活動の規模や範囲は大きく広がります。私の活動のベースにはだれもが持っているであろう「郷土愛」がありますが、同じように故郷や地域を思う気持ちを抱いて活動する人たちが増えて、活気が生まれている状態を地域につくりたいという思いがありました。

人の考えは十人十色なのですべて一致することはありませんが、共感できる部分で協調したり、協力するだけで状況を変えることはできます。私は私なりに邁進していましたが、同じように故郷への思いを持っている人が、私には思い付かないようなことをしながら状況を少しでも変えていければと願っていました。郷土愛や地域愛に火を付けるような様々な活動に力を注いできたのもそのためです。実際、人が集まってきたことで、学校周辺の地域にはそのような動きも生まれているので、これも本当にうれしいことでした。

ＮＳＧグループが柱にしている「人づくり」には、そうした場で活躍する人財を育成したいという願いがあります。ただしこの場合の活性化すべき地域は、どこか特定の場所のことでなく、それぞれの人が住んでいる地域です。最も重要なのは、その人自身が幸福で豊かな人生を実現することで、そのためのお手伝いをするのが私たちの役割です。そしてその人自身が幸福で豊かな人生を実現したら、あるいは実現していくプロセスで、自分の住んでいる地域を幸福で豊かにすることも思いつつ、そのために励んでいただくことを推奨しています。

そのようにしてまずは自分自身、さらには自分の身近なところから幸福や豊かさを積み上げながら、やがては日本の社会全体、世界へより良い影響を与えていければと願っています。世界を一気に変えることはできませんが、それぞれの地域における地道な活動が力となり、徐々にではあるものの変化を起こすことができるでしょう。一方で、全国規模、世界的規模で行われる活動も必要で、こうしたものとうまく連携していくことができたら、人づくりから積み上げていく地域づくり、国づくり、そして世界平和につながる動きを力強いものにしていくことができるでしょう。

そしてこの流れを確かなものにしていくために、モデル化が必要と考えています。下から積み上げていく変化は、よその人や地域が参考にしたり真似したくなるようなモデルがあると進めやすくなります。そんな参考モデル、すなわち「ＮＳＧモデル」を私たちが活動している地域につくり、それを世界に発信しながら多くの人や地域に刺激を与えていけたらと考えています。そのために私たちは日々奮闘しています。

これまでの歩み

ＮＳＧグループのこれまでの歩みを簡単に紹介します。前述のとおり、「人づくり」を目的にした一九七六年の民間教育機関の設立が原点です。この「人づくり」には、学校で学ぶ人たち自身の人生を幸福で豊かなものにするためのお手伝いと、社会の幸福や豊かさを実現するために活躍する人財の育成という両方の意味があります。

創業当時は、学習塾、カルチャースクール、５カ国語の語学学校、資格取得の講座の４部門しかありませんでしたが、その後専門学校を中心に規模を拡大し、デザイン、コンピュータ、医療など様々な教育ニーズに応える形で学校を次々と開校していきました。専門教育を主体にしていたのは、社会に出るときにすぐに役立つ実践的な知識や技能を伝えることができるからです。社会的にもそういう教育が求められていた時代で、社会構造の変化を正確に捉えて、将来必要とされる人財の育成に力を注いできました。これはもちろんそのまま学生たちの利益になるので、このように時代の変化を見極めながら検討する中で扱う教育も徐々に増えていきました。

その結果、グループの教育関連事業は、専門学校以外にも、大学院大学、大学、高等学校、認定こども園、保育園のほか、学習塾、資格取得スクールなどを擁するまでに成長しています。さらにダンスやサッカーなどのスポーツスクールや各種社会人スクールなどを加えて、幼児から大人まであらゆることを学ぶことができる、生涯学習を提供する場になっています。

このような教育機関を大都市ではなく、地方都市の新潟につくったことに大きな意味があります。創業以前、こうしたことを学びたいと考えた人たちは、親元を離れて東京などの大都市に出ていく必要がありました。これは経済的な負担が大きく、限られた人たちにしかできないことでしたが、私たちの学校ができたことで状況が少しずつ変わりました。現在は様々な種類の学校があるので、選択肢が大きく広がっています。多くの人たちに修学の機会を提供することができるようになり、実際、地域や近隣のほか、県外や海外の人たちを受け入れることができてきています。

そしてこの人づくりのための活動から派生する形で、「安心づくり」の活動も広がっていきました。NSGグループの中で、教育関連事業に匹敵するくらいに大きな柱になっている医療・介護・福祉・保育事業です。

こちらは一九八〇年代半ばに、専門学校の中に介護福祉関係の人財を育成するコースを開設したのが始まりです。来たるべき高齢化社会に備えて、国策として介護福祉環境の充実を進めようとしていた時代でした。介護福祉教育のニーズが高く、それから約十年後の一九九〇年代半ばには、介護福祉関係の専門学校を開校しました。

奇しくもこの頃、経営危機に陥っていた病院の再建を依頼されたことで活動の幅が大きく広がりました。この難題に取り組むことで、人財育成だけでなく実務を行うことになりましたが、このことが医療・介護・福祉・保育事業の拡大のきっかけになりました。その後、二〇〇一年に新潟医療福祉大学を開学すると、人財育成のための体制はさらに充実しました。医療・介護・福祉の知識を有している専門家や最前線の現場で働く人財、さらにそうした人たちを育成する学校などがグループ内に揃い、老人保健施設や特別養護老人ホーム、ケアハウスなどの介護福祉施設の新設を望んでいた新潟県内の各地方自治体から、サポートの形でなく設立運営を求める要請が相次ぎました。

こうした声に応えている中で、NSGグループの医療・介護・福祉・保育事業は急成長していきました。現在は新潟県内に4つの病院と、242カ所の福祉・介護の事業所を擁しています。また人づくりと安心づくりの両方の意味がある、子育て支援につながる保育にも力を注いで、18カ所の保育園や認定こども園等を運営しています（※数字はいずれも二〇二二年三月時点のもの）。

以上がNSGグループの二つの大きな柱、教育関連事業と医療・介護・福祉・保育事業のこれまでの歩みです。次いでやはり活動の柱になっている「仕事づくり」の取り組みについて触れることにします。

前出の経営理念の中に「社会のニーズに合った事業の可能性を追求し」とあるように、事業創造は私たちにとって重要なテーマになっています。この仕事づくりには地域の人たちの雇用の確保だけでなく、魅力のある仕事をつくることで、修学などによって流出した人を含めた県外からの人の流れをつくる狙いがあります。とくに若い世代は地域の活性化のために欠かせないので、こうした人たちの流出を防ぎ、逆に流入してもらうべく事業創造を通じて魅力のある仕事づくりに力を注いできました。こちらは社内創業のほかに社外公募などの形を取りながら進めてきました。

創業支援の歴史は古く、グループの経営に携わる一方で、経営に興味があったり経営者に向いていると思えたグループ内外の人財に私が個人的に声をかける形で行っていました。その際には、私が中心になって設立した「異業種交流会501」が重要な役割を果たしていました。この会の名前には、明治の大実業家、渋沢栄一氏が生涯に育成したとされる企業数（約500社）を超えるようなムーブメントを起こしたいという願いが込められています。そして創業に挑戦する人には、この異業種交流会501の会員企業の経営者との交流の場を設けたりしながら、刺激を受けてモチベーションを高めたり、自分のやりたいことの方向性を決められるように促していました。ちなみに私個人は、こうした活動を評価していただき、ありがたいことに二〇一三年に埼玉県から「渋沢栄一賞」（第11回）をいただきました。

そして十年ほど前からはこうした活動を制度化して、グループ内の正規社員の中から、創業に挑戦したい人に自ら手を上げてもらう形にしました。同じ頃、社外からも起業希望者の公募を始めましたが、こちらの活動は二〇〇六年に開学した事業創造大学院大学が大きな役割を果たしています。

事業創造大学院大学はＭＢＡ（経営管理修士）の取得が可能な専門職大学院です。社会経験を有する社会人を主たる対象にして実践的な教育によって事業創造のスペシャリストの育成を行っています。この学校では、日本人だけでなく、海外でその国のトップクラスの大学を卒業した優秀な人たちも数多く学んでいます。現在は社外公募で選ばれた創業に挑戦する人たちは全員、社内創業を目指す人も一部はこの学校で2年間学びながら創業の準備ができるようにしています。

これらとは別に起業家の支援のためのファンドを起ち上げて、グループ内の創業に限らず、広く地域のベンチャー企業への支援を行ってきました。ファンドの形は、ＮＳＧグループが主体となっているもののほかに、趣旨を理解してくださった地域の企業や経営者から出資を募ったもの（通称「旦那ファンド」）、ベンチャー企業の育成を目指して県が参画しているものなど複数あります。

一個人、一企業の支援には限界がありますが、「地域のために」という思いを持つ人たちが集まると大きな力が生まれます。そのような考えで、これまで支援の輪を広げる活動に力を注いできました。

そして活動の一つめの柱である「魅力づくり」も、同じように自分たちが主体になってすべてを行うのではなく、広く支援を呼びかけながら進めてきました。こちらは地域密着型スポーツチームが中心になっていますが、関わり方としては責任企業として運営の中核を担うものも含めて裏方役に徹しています。地域やサポーターによる支援の体制づくりなど経営の安定を図りつつ継続的に活動できるように力を注いでいますが、主役はあくまでチームや選手たちであり、さらには応援するサポーターたちです。彼らと一緒に進みながらも、裏方として活動を支えていくという姿勢に徹することを心がけています。

新潟には現在、Jリーグ所属のプロサッカークラブのほかに、女子のプロサッカークラブ、Bリーグ所属のプロバスケットボールチーム、BCリーグ所属の野球チーム、チアリーディング、スキー・スノーボード、陸上競技のクラブなどの地域密着型スポーツチームがあります。これらはいずれも「アルビレックス」の名前がついていますが、喜ばしいことに地域の人たちに多くの夢を与える宝物として大切にされてきました。こうした単なる贔屓の対象ではなく、アイデンティティの確認や、憩いの場所になっているものの活動を私たちはずっとサポートしてきました。

ＮＳＧグループがこうした地域の魅力づくりに力を注ぐようになったのは、私が一九九四年のサッカーのワールドカップ・アメリカ大会で９万人の大観衆が熱狂していたスタジアムの光景を直接目にしたことがきっかけでした。日韓の共同開催となった二〇〇二年大会の開催地に立候補していた新潟の誘致団の一人としての視察で、ロサンゼルススタジアムで見た光景に衝撃を受けて、「この雰囲気をなんとか新潟で再現できないものか」と強く思いました。まだサッカークラブのアルビレックス新潟が誕生する前のことなので、当然のことですがまわりはだれも実現できるとは思っていなかったようです。

その後、新潟にサッカークラブが設立されることになったとき、私はこうした思いに背中を押されて、依頼された経営をお受けすることにしました。先行きが不透明で成り手がいない状態でしたが、地域を挙げて応援する価値があるものと考えて、旗振り役として汗を流そうと思ったのです。実際には支援の輪が思うように広まらず、逆にスポンサーから撤退する企業もあったので経営状態は厳しく、赤字の補填のために私財を投じたこともありました。

それでも日韓ワールドカップの会場となった新潟スタジアム（現在の通称「デンカビッグスワンスタジアム」）ができたのを機に流れが変わりました。収容人員4万2300人のホームスタジアムは、地方の弱小クラブに不釣り合いなものでしたが、あの手この手を使って集客を行っていくうちに、多くの人が集まることで生まれる不思議な力によって変化が起こったのです。

大観衆の後押しを受けて、アルビレックス新潟は二〇〇四年に初めてJ1への昇格を果たすことができました。そうなると地域の人たちの応援がさらにヒートアップするという好循環が生まれて、新潟県内だけでなく、他の都道府県に移り住んだ新潟県出身者たちにもスポーツ観戦を通じて郷土愛や地域愛が呼び起こされていったようです。そうした人たちによる支援のお陰で、クラブの経営も黒字にすることができました。

もちろんすべての人がサッカーに興味があるわけではないので、この流れを広めていくにはより多くの魅力づくりが必要でした。そこでサッカークラブのモデルに学びながら、前述のようにやがてグループとして多くの地域密着型スポーツチームをつくり、その運営をサポートするようになったのでした。一方で、夢を実現できる場を提供すべく、私たちの学校を通じて、様々な分野で活躍するのを夢見ていた人たちを強化選手として支援してきました。彼らの中から、野球などのプロ選手になったり、オリンピックで活躍する人たちも出てきています。

またお祭りや文化イベントなど、形はちがうもののやはり地域の人たちが誇りに思えるものの支援も魅力づくりとして取り組んできました。ここではすべてを紹介することはできませんが、私たちはこうした活動を通じて、目指している地域貢献を行ってきました。

終わりのない挑戦

以上、四つの活動の柱ごとに、ＮＳＧグループのこれまでの歩みを簡単に振り返ってきました。この章の最後に、これらの活動に際して私たちが心がけていることをあげておきます。それは民間の立場で取り組んでいくという姿勢で、そこに官や地域の人たちを巻き込みながら、より大きな力にしていくというのが私たちの活動スタイルになっています。

教育関連事業や医療・介護・福祉・保育事業などに代表されるように、ＮＳＧグループの事業の多くは公益性の高いものです。そして、そうした活動を安定的かつ継続的に行うためのマネジメントには、民間の発想や手法が不可欠というのが私たちの考えです。

官と民には大きなちがいがあります。たとえば大所高所に立って判断することが求められている官は常に慎重さが求められているので、決まっていることを着実にこなすのは得意なものの、新しいことを始めるときにはどうしても動きが遅くなります。一方、民は経済的な制約はあるものの、行動の制約は少なく、条件さえ整えば機動力を発揮して目標に向かって一直線に動くことができます。

このように官と民とではそれぞれ特徴が異なります。そしてＮＳＧグループは、公益性の高い事業を行いつつも、民の特徴を活かした活動を行うことを心がけてきました。それは機動力を活かして目的に向かって素早く動いたり、経済効率をきちんと考えて活動の継続性を担保することです。

公益性が高いことは官が行うべきと考えている人は多いようですが、私たちの考えはちょっとちがいます。平等主義でだれも取り残すことなくすべての人の利益になることを行うのが官に求められていることで、それゆえ官主導の事業はなかなか進みにくいという特徴があります。従来型の踏襲でできるものはいいのですが、自ら道を切り開かなければならない新規の事業を行うときには、この特徴はマイナスになります。そこで求められるのが民の力で、私たちはそうした役割を果たしたいと考え、実践しています。

もちろん公益性の高い事業は、民だけの力で成立するものではありません。官に加えて地域の人たちの協力は不可欠で、同じ目標に向かって役割分担をしながら協力して取り組んでいくのが理想です。私たちはそのような形をずっと目指してきました。ちなみにＮＳＧグループの活動には、事業創造のように公益事業とはやや異なる性質のものもありますが、そういうものでもまわりと協力しながら進んでいくという姿勢は基本的に変わりません。

こうした協力関係は、だれにとってもメリットがないと成立しません。たとえば民間企業は活動を維持するために利益を上げ続けなければいけないし、それによって行政は税収が安定的に得られたり、地域もまた様々な形で恩恵が得られ続けるようになると、持続的に活動しやすくなります。そんなふうにだれにとってもメリットのある状態を理想としているのが私たちが目指している事業創造の姿です。そしてこれまで多くの人を巻き込みながら、私たちなりの活動モデル、すなわちＮＳＧモデルをつくり上げてきました。

こうした活動によって一定の成果を上げることができましたが、そこで満足することなく常に未来を見すえて歩き続けていくことが大切であると考えています。世の中はたえず移り変わっているので、歩みを止めてしまうとすぐに置き去りにされてしまいます。豊かさで幸福な社会の実現は、変化に応じて自分たちもまた変わっていく先にあるものなので、「終わりはない」という思いを持って邁進しています。

私たちが目指してきたのは、地方都市新潟に、全国各地、世界各地の人たちが真似したり参考にしたくなるモデルをつくることです。このモデルの中身も当然、時代の移り変わりの中で変わっていきます。このモデルをつくり変えていく過程では、新しいことへの挑戦が不可欠で、そのためには思考や組織を硬直化させることなく柔軟に動いていくことが重要なのです。

第2章

私たちの哲学

経営理念とＮＳＧモデル

この章ではＮＳＧグループが大切にしている考え方、すなわち私たちの哲学について述べることにします。その話をする前に、まず私たちが目標としていることを改めて確認しておきます。

私たちが目標にしていることは、前出の経営理念に示しています。「**人々の幸福と豊かさを実現するために　社会のニーズにあった事業の可能性を追求し　地域社会・国家・国際社会の発展に寄与する**」というのがＮＳＧグループの経営理念です。これが私たちの事業活動の目的で、あらゆることを行うときの基本姿勢であり、果たすべき使命と考えています。

この考えは創業当初からいまに至るまで基本的に変わっていません。私たちは経営理念

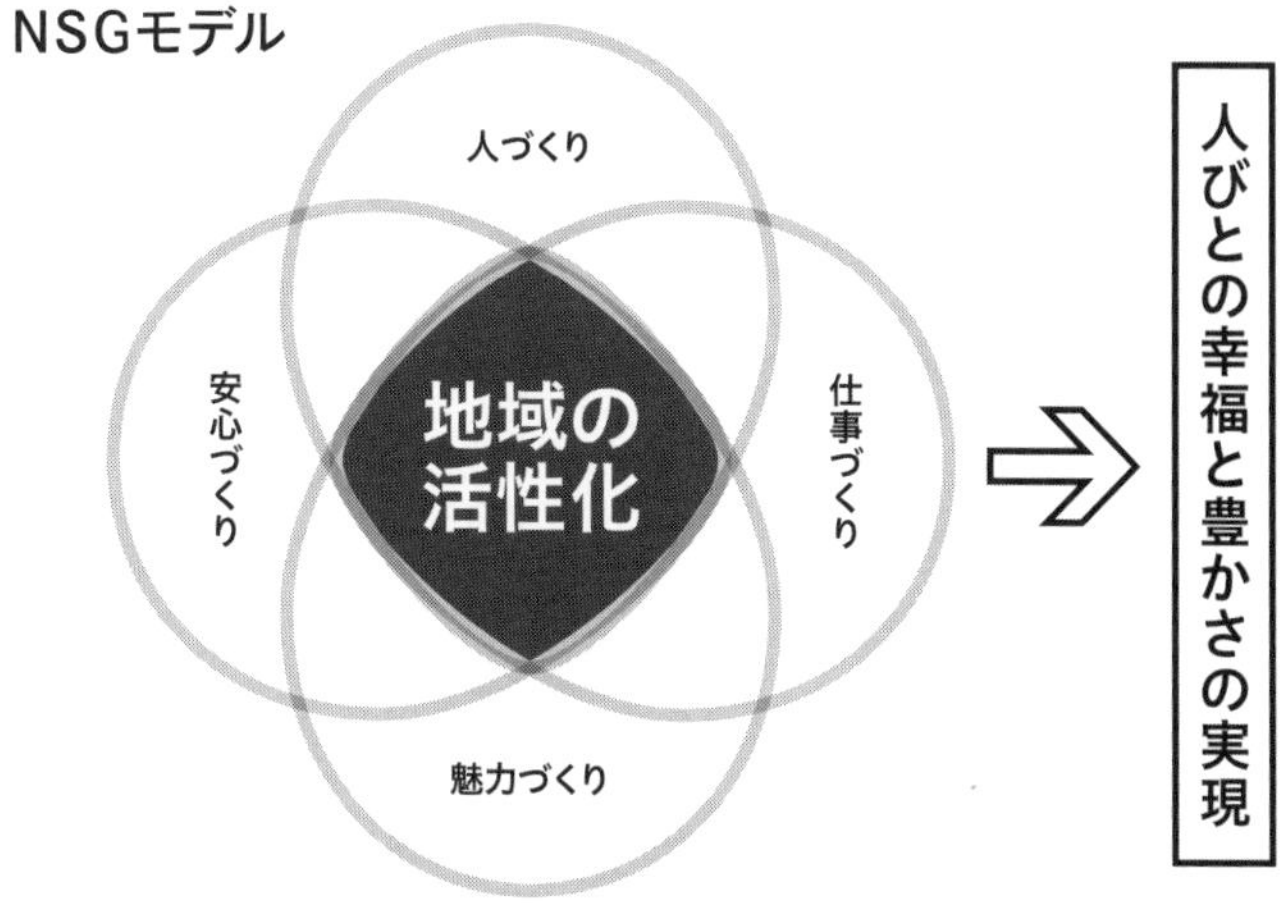

に示していることを実現するために活動し、これまで様々なことに挑戦してきました。その中で経営理念を実現するための方法論や実践モデルを確立しながら、日々バージョンアップを図ってきました。これらは地域の活性化、すなわち地方創生を強力に進めていくためのもので、その総称が「ＮＳＧモデル」です。

ＮＳＧモデルの中身はここに示した図にあるように、これまでのＮＳＧグループの軌跡そのものです。「人づくり」「安心づくり」「仕事づくり」「魅力づくり」という四つの事業を大きな柱にして、それぞれが連携しながら地域の活性化や、持続・成長できる地域づくりを進めています。これらの活動を精神的・経済的に自立しながら行う中で、経営理念に掲げている「人々の幸福と豊かさ」を実現していくというのがＮＳＧモデルなのです。

ＮＳＧモデルはまさしく私たちの理念を実現するためのものです。時代が変わっても理念の中身が変わることはありませんが、成果を上げ続けるためには時代の変化に対応する必要があるので、理念を実現するための戦術や方法論はその時々によって変わることもあります。実際、これまでの過程で困難を伴う新たなことへの挑戦を求められることも多々ありました。その中で私たちは長年の経験からその際の心構えなど様々なノウハウを確立してきましたが、ＮＳＧモデルにはそのようなものもすべて含まれています。

ＮＳＧモデルは私たちの理念の実現のための取り組みを通じて確立されたものなので、他の地域にとって参考になる点は多いと思われます。そのように考えて、多くの地域や人たちの幸福と豊かさの実現に役立てていただくために、これまで積極的に発信してきました。ＮＳＧモデルに触発されて、他の地域で多くの新たなモデルが生まれることを期待しています。

私たちはそれをフィードバックさせて、ＮＳＧモデルをさらに進化させて、地域の幸福と豊かさを実現していきたいと考えています。そしてそのようにして進化したＮＳＧモデルが、さらに多くの人の幸福と豊かさの実現に寄与することを心から願っています。

私たちが大切にしていること

ＮＳＧグループは様々な活動を行う上で、私たち自身はもちろん、私たちが活動する地域を発展させて、共に歩んでいくことを目指しています。これは私たちと地域は、運命共同体のようなものであると考えているからです。

前述のように、地方都市における事業の多くは、地域との結び付きによって成り立っています。事業を行う上で必要な人財や連携する取引先、サービスを提供する対象である顧客など、関係しているほとんどが地域と深く結び付いている人たちです。そうした中で活動の質を高めていくには、地域の輝きが重要な要素となります。地域が輝くためには、輝いている人財、輝いている取引先、輝いている顧客などが必要です。私たち自身が輝くためにも、地域をそのように輝かせることが大事で、こうした考えに基づいて自分たちはもちろん、地域を輝かせることも目指しています。

そのための活動の大きな柱になっているのが、先ほどから述べている「人づくり」です。

私たちの人づくりは、常に輝く人の育成を目指してきました。輝く人が活躍すると、それに引っ張られるようにまわりも輝き出します。そのような形で、その人が活動する組織や地域に良い影響が生まれることを願って、私たちは人づくりに取り組んでいます。

具体的には、教育関連事業において、社会のニーズや変化を予測して求められる教育を提供すること、なおかつ質を高めてナンバーワン、オンリーワンの教育を提供することに力を注いできました。教育を受ける人たちが最高の結果を出すことができること、よそではなかなか教わることのできない専門性の高い分野の教育を受けることができるのが、NSGグループの教育関連事業の大きな特徴です。

また知識や技能だけでなく、自らの考えで自らの人生を切り開いていくことができる、高い人間力を培うことも目指してきました。いずれも実社会で輝くために必要な力で、これらを身に付けられるような教育を提供するべく努力してきました。

ちなみに私たちの人づくりは、学生だけでなく、NSGグループで働く社員や職員も対象にしています。これは輝く人を育成する組織は、社員や職員が生き生きとして働き輝いていることが不可欠という考えに基づいています。

以下に示すのは、NSGグループの社員や職員が行動の拠り所にすべき考え、「行動哲学」と、社員や職員が守るべき基本方針である「行動指針」です。これらは私たち自身が輝くために必要なもので、グループとして大切にしています。

○行動哲学
感謝の心を以って誠を尽くす
一回の人生を大切に生きる
志を立て変化を恐れず挑戦し続ける

○行動指針
私は
・高い倫理観・道徳観に基づいて行動します
・いつも「笑顔でたのしく」を心がけます
・能力開発と人格の向上、健康増進に努めます
・多様性を認め信頼・協力関係を構築します
・自ら立てた目標の達成に最善を尽くします
我々は

・顧客や関わる人々の信頼と尊敬を獲得します
・関わる分野のナンバーワン、オンリーワンを目指します
・真の頭脳集団・行動集団を目指します
・生産性を高めスタッフの福祉を増進します
・機会を提供し多くのリーダー・経営者を輩出します

これらは単なる努力目標ではなく、実践することで私たちが輝くことができると考えています。そのため日々の活動では、これらを確実に実行することを心がけています。具体的には「人財活性状況調査」などの仕組みを通じて、組織に対するスタッフからの提案や提言を得て活動に活かしたり、働き方や職種に関する希望などを聞いて人事や運営に反映しています。また社内創業のシステムなど、様々なステップアップのためのサポート体制を充実させています。

私たちは挑戦することを大事にしています。そのことは「行動哲学」(志を立て変化を恐れず挑戦し続ける)や「行動指針」(私は「自ら立てた目標の達成に最善を尽くします」、我々は「機会を提供し多くのリーダー・経営者を輩出します」)にも示しています。私たちを取り巻く環境は常に変化しているので、現状に満足して挑戦をやめるとすぐに衰退の方向に動いていきます。ですから組織として、人として輝くために、絶えず考えて動き続けること、そうした挑戦的な活動や生き方を奨励しています。

絶えず挑戦するのは、たいへんなことのように思われるかもしれません。しかしそこには、新しいことに挑戦しているときにしか経験できない、大きな喜びがあります。勉強でも仕事でもなんでもそうですが、新しいことに取り組むときは苦労が大きいものの、一方で未知のものと触れ合うこと、未知の問題を克服するときに得られる充実感は大きくなります。挑戦することはこのようにわくわくドキドキする、大きな充実感が得られる素晴らしいことなのです。

世の中にはなるべく苦労を避けて、ただ無難に生きていければいいと考えている人もいるようです。それで本当に幸福で豊かな人生を送ることができるなら、そういう生き方もいいでしょう。しかし世の中は変化するのが常なので、挑戦しない人生というのは、一見すると順調そうでも、心の中では世の中の変化に怯えたり、不安を募らせていることはよくあります。しかも実際に変化が起こったときには、大きなダメージを受けたり、嫌でも変化しなければならなくなったりするので、そういうときのための備えをしておくといいでしょう。

挑戦することは、このようにいざというときの備えにもなります。また困難な状況に陥ったとき、自分で道を切り開くことができる人がたくさんいたら、その組織、その社会は力強く前に進んでいくことができます。もちろんそれ以前に、絶えず挑戦することは個人にとっても、より充実した人生を送ることにつながるものです。つまり挑戦することは、人として、組織として輝くために不可欠なことなのです。

もちろん未知のことに挑戦するときにはうまくいかないことが多いので、つらいと思うこともあるでしょう。しかしそのような困難は、確かな戦術と高い人間力を備えることで、乗り越えられる可能性は高くなります。まわりのサポート体制が充実していればなおさらです。

このように困難を乗り越えるための確かな戦術、そして高い人間力を培うことを、私たちは人づくりを行う上で目指しています。実際、これまでも高いレベルの教育を提供するのはもちろん、サポート体制を充実させて起業の支援などを通じて新しいことへの挑戦を応援し続けてきました。それこそがＮＳＧグループの役割ではないかと考えています。

ＮＳＧグループと神道

ＮＳＧグループは地域や人を大切にしているという話をしました。これは創業者である私が、神職にあることも関係しているかもしれません。そもそもＮＳＧグループは、神社の敷地の一角に校舎を建設し、活動をスタートさせています。神社や神道と縁《ゆかり》があるので、その影響を受けていることはまちがいありません。

といってもそれは宗教的な思想というより、日本の社会に根付いている文化としての神道のイメージで捉えるのがより正確です。そもそも神道には他の宗教と大きく異なる特徴があるので、一般的な宗教観で見ると正しく理解するのは難しくなります。たとえばキリスト教やイスラム教、ユダヤ教などの宗教は、唯一神を信奉する「一神教」とされていますが、日本にはたくさんの神社（８万社以上といわれています）があり、奉られている神様は「八百万の神《やおよろずのかみ》」といわれるほど様々です。これが神道が一神教の宗教とは異なる「多神教」といわれる所以です。

また神道は運営もかなり多様化しています。神社本庁という組織が統括団体として全国の神社をまとめていますが、それぞれの神社の運営は基本的に独立しています。意外に思われるかもしれませんが、同じ神様を奉り、同じ名前で全国に数多くある神社の場合もしかりで、系列としてのつながりがなく、それぞれが独立して運営しているケースがほとんどです。もちろんそれ以外にも、地域の中で固有の神々を奉って独自の運営を行っている小さな神社がたくさんあります。

これらの神社はいずれも、地域に住んでいる氏子さんや、地域に関係なく縁あって継続的に崇敬してくださっている人たち（崇敬者）に支えられています。ただし氏子・崇敬者の関わり方は、人によってかなり異なります。おそらくみなさんの多くがそうだと思いますが、地域の神社となんらかの関わりを持って神道の行事に参加しているものの、いわゆる「信者」という認識を持ち合わせていない人がほとんどでしょう。これも神道の大きな特徴です。

たとえば、お正月に初詣をして、節分には豆まきをし、秋の七五三では子どもの成長を願い、豊作を祝ってお祭りをするという生活をふつうに行っている人はたくさんいます。これらはすべて神道の行事ですが、多くの人はそのことを特別に意識することなく行っています。それは神道が、日本人の生活の中に深く根付いた、日本の伝統的文化になっているからです。ちなみに一月に七草がゆを食し、三月のひな祭りに女の子の健やかな成長を、五月の端午の節句に男の子の健やかな成長を願うのもそうで、これらに加えて七月の七夕や十月の菊まつりなども、日本では神道の節句（節供）に由来するとされています。

そんな神道の活動の中心にあるのが神社です。そして前述のようにＮＳＧグループは、神社の敷地の一角に建てた校舎で、教育機関としての歩みをスタートさせました。神社の主な役割は、商売繁盛や家内安全など人々の望みを祈願することで、宗教行事を行う特別な場所には、昔から多くの人たちが集まっていました。一方、教育機関の役割は、人々の望みを実現するための教育を提供することです。祈願と教授という大きなちがいはあるものの、人々の望みの実現をサポートするという、それぞれが目的としているところはよく似ているように思います。

実はＮＳＧグループが受けている神道的影響について、私は以前、外部の識者の知恵を借りながら分析したことがありました。結論から言うと、そのときかなり強く影響を受けていることが確認できました。といってもそれは、先ほどから触れてきたような、古くから社会に根付いている日本の文化としての神道の影響でした。

神道には、日本という風土が生んだ古代的感性や価値観がベースになっている部分と、国家成立後（とくに近代）に政治的に方向付けられた部分が混在しているというのがその時の識者の分析です。前者は「自然崇拝」や「神と祖先への感謝」「明けき・清き・まこと」といった清浄かつ穢れのない純粋な精神性を大切にし、それらの「生活上の実践を重視」するという考え方です。一方、後者は「神からつながる一系の日本国」という、戦前の国民感情の形成に寄与していた考え方とされるものです。

私自身の見方はやや異なります。前者はともかく後者は、政治的というより文化的要素の強いものではないかと見ています。天皇制が良くも悪くも時の政治に利用されてきたのは確かです。一方で、人々の精神的柱となっていたからこそ、強い外圧にさらされても諸外国の植民地になることなく、連綿と続く国家としての状態を維持できている面もあるのではないかと見ています。

ただしNSGグループの活動という点で言うと、政治的であろうと文化的であろうと後者の影響はないように思います。一方で、経営理念や行動哲学、行動指針と比較すると明らかなように、「感謝」と「誠」を大切にしている点で、神道の中でも生活上の実践を重視する前者の要素の影響は強く受けているように思います。

NSGグループと儒教

同じような趣旨で、「論語」やそのベースにある儒教など中国の古典の影響をNSGグループがどの程度受けているかを分析したことがありました。ここで古典と言っているのは古い書物のことではなく、いわば古くからある規範のようなものだと考えてください。

前述のように私は、経営者としての功績が評価されて埼玉県から渋沢栄一賞を受賞しました。渋沢栄一は思想的に、論語など中国にルーツのある古くからの規範の影響を受けていたとされています。私にも同じような傾向があると指摘されたことがあったので、興味があってこちらも外部の識者の意見を参考にしながら分析したことがありました。

この作業は、私には中国の古典の知識がなかったので、縁あって知り合った中国古典学研究の第一人者である方に教えを乞いながら行いました。その方によると、儒教は王朝統治とそれにつながる自己修養の教えで、東アジアなどのいわゆる漢字文化圏における東洋的倫理観の骨格として精神性に大きな影響を与えているものだそうです。その考え方をまとめたものとして、漢の時代の『詩経』『書経』『易経』『礼記』『春秋』が有名で、これらは儒教経典の五経とされています。ちなみに『論語』は五経に含まれていませんが、聖人の教えを尊び、人倫の規範を示すものとして、当時から儒教の中心に据えられて重視されていました。その後、宋代に入ると、儒教は帝王学としてのみならず、個人の修養や自己研鑽のための考え方として広まったようです。

ＮＳＧグループの経営理念は、前述のように「人々の幸福と豊かさを実現するために社会のニーズに合った事業の可能性を追求し　地域社会・国家・国際社会の発展に寄与する」というものです。実現の場としてまず地域社会という身近な場所を大切にし、そこから国家、国際社会へと広げていくことを考えていますが、これは朱子学（宋代の儒教の考え方の一種）の「修身斉家治国平天下」と似ているようです。大きな目標の実現には、身近なところが大事で、そこでしっかりとした基礎を固めて大きな世界へ広げていくという考え方です。

事業創造で社会のニーズを考えている点も、個人より人倫（人との関係）、つまり社会性を重んじているということで、儒教の考え方と似ています。ただし、私たちが目的にしている「幸福と豊かさの実現」は、そもそも儒教にない考え方のようで、そこは大きく異なっていました。儒教が追求しているのは「道」の実現です。これは人が人として正しく生きることで、そのための知恵を提供しているのが儒教なのです。

ただし儒教が成立した時代には、企業が活動目的にしている利益の追求という考え方がそもそもありませんでした。そう考えると大きく異なるのは当然かもしれません。そのあたりは明治の時代に経済人として活躍した渋沢栄一の考え方が大いに参考になりました。渋沢は儒教の影響を強く受け、後に事業家として活動するにあたって幼少期に学んだ『論語』を拠り所にして、倫理と利益の両立を目指していました。「道徳経済合一説」と呼ばれる考え方で、彼が著した『論語と算盤』（興陽館）で述べられています。

経済を発展させるのは国全体を豊かにするためのもので、利益は個人が独占せず、全体で共有するものとして富を社会に還元する、というのが道徳経済合一説の趣旨です。この考え方は大義と利益を合一するということで、「義利合一」ともいわれています。義利合一は明らかに儒教にはない考え方ですが、強く影響を受けていた渋沢が儒教から発展する形で生み出したのは明らかです。環境が大きく異なる中で、エッセンスを取り入れて独自に発展させたものでしょうから、これはいかにも日本的な対応に見えます。

そしてこの点はＮＳＧグループの考え方にもよく似ています。私たちの目標としている幸福と豊かさの実現は、自分や自分の属する組織の利益のみを追求するものではありません。自分、そして自分の身のまわりから始めて、地域や国家、世界を幸福かつ豊かにしていくというのが私たちの活動の目的です。そう考えると私たちの活動は、儒教の影響を少なからず受けていることはまちがいありませんが、イコールと呼べるものではありません。儒教をはじめとして、神道や日本の文化など様々なものに触れる中で独自に発展させたものので、これこそが私たちが独自に生み出したＮＳＧグループの哲学そのものではないかと考えています。

揺らがない文化を

そして実はこの「日本的」と言っているものこそが、私やＮＳＧグループが最も強く影響を受けているものだというのが私の分析の結論です。これは言葉にして明確に示すのがなかなか難しいものなので、ここでは「日本の文化に根付いている考え方」と言っておきます。

この考え方の特徴は柔軟さにあります。日本は古くから、外来のものであろうと良いものは良いものとして、自分たちの生活の中に受け入れてきました。といってもそれは、大切にしている部分は守りつつ、その上にエッセンスを取り入れる形でした。

たとえば飛鳥時代に伝えられた仏教は、神道のある日本で排斥されることがなく、神仏習合の考え方で広く受け入れられています。といってもそれはオリジナルのままでなく、あくまで日本流に変化した形で定着させています。こういうのは海外との交流が盛んになった近年はとくに顕著です。たとえば人生の一大イベントである結婚式なども、近年はキリスト教徒でもない人たちが教会で行い、信仰をしていない神の前で誓いの言葉を述べることがふつうに行われています。

これ以外にもクリスマスやハロウィーンなど、海外の宗教行事だったものの多くが信仰のあるなしに関係なく参加する恒例のイベントとして行われています。多くは商業主義で企画されていますが、参加する側もイベント感覚で楽しんでいます。私自身はこれもまた無益なぶつかり合いをしない日本人独特の感性の一つとして受け止めていますが、海外の人たちには理解されないことが多いと聞きました。

これは日本の文化の特徴で、多神教社会ならではのものではないかと私は考えています。多神教社会ではそもそも信仰対象の選択肢が幅広く、特定のものへの強いこだわりがある一方で、異質なものへの敵対心が弱くなったり、寛容になりがちです。それぞれが自分のこだわりしか認めないと、様々なものと激しくぶつかることになるので、多様なものの存在を認めることで無益な争いを避けているということだと思います。日本人はそのように平和に暮らすための知恵を身に付けているので、異質なものに触れた場合は全面的に否定することをせず、対象を観察しながら良いと思えるもののエッセンスを時に受け入れてきたのではないでしょうか。そしてそういう文化的なベースがあるから、縁のない宗教行事に由来する商業主義のイベントにためらいなく参加できて楽しむことができるのではないかとみています。

これはもちろん、芯となる部分がしっかりしているからできることです。海外の人には流されやすい根無し草の状態に見えるようですが、それでいて根本の部分は変わらないのが日本人の特徴のようです。根無し草の状態で様々なものを受け入れると、そのときどきによってふらふらと流されてしまうので、社会的にも精神的にも不安定になります。しかし芯の部分がしっかりしていると、表面上は変化しても根本の部分は変わらないので、新たなものを受け入れようと精神的には安定して社会活動ができます。それがまさしく日本の状態ではないでしょうか。

こうした文化は、私たちの祖先が、すでに社会生活を営んでいたとされる縄文時代から長い時間をかけて培ってきたものです。それらは神道の中にもありますし、儒教の影響を受けながら築いてきた個人修養や自己研鑽の様々な考え方の中にも根付いています。ここからはさらに多くの分析が必要ですが、その中核にはたとえば私が好んで使うことが多い言葉、「中庸」（この考え自体は儒教から来ています）が伝えている多様性や、「和の精神」に象徴される集団の秩序や安寧を重んじる高い精神性のようなものがあるように思います。

ＮＳＧグループの活動は、まちがいなくこうした日本の文化の影響を強く受けています。それは社会性を重視する点しかり、あるいは状況に応じて柔軟に対応する点も含めてです。民間の組織として行っている私たちの活動は、自分の利益を中心に置いていますが、そこからまわりに広めていくこと、すなわち社会に還元していくことを常に意識しています。私たちはそのときどきの社会のニーズに応えるべく様々な事業を行っていますが、この姿勢はぶれることはありません。

それは私たちが何をすべきかを、経営理念や行動指針などに示しているからです。これらは時代によって言葉の表現が変わることがあるかもしれませんが、根底にあるものは不変です。今後、活動を続けていく中で、異質なものを取り入れたり、大きな変化を余儀なくされることがあるでしょう。そんなときでも大切な土台の部分は揺らぐことがない、日本の文化の力強さのようなものをＮＳＧグループの文化として根付かせていけたらと強く願っています。

ＮＳＧグループの活動とＳＤＧｓ

この章の最後に、ＮＳＧグループの「ＳＤＧｓ」への考え方について簡単に触れておくことにします。国を挙げて推進していることもあって最近よく見聞きするので、言葉としてはだれもが知っているでしょう。

ＳＤＧｓは「Sustainable Development Goals（持続可能な開発目標）」の略称で、二〇一六年から二〇三〇年の15年間に達成すべき世界の目標として、国連サミットで採択されました。それ以前にも「ＭＤＧｓ（Millennium Development Goals、ミレニアム開発目標）」というものがありましたが、二〇一五年に達成期限を迎えたので、二〇一五年に世界の新たな目標としてＳＤＧｓが定められました。

以前のＭＤＧｓは、以下の八つの目標が掲げられていました。

1　極度の貧困と飢餓の撲滅
2　初等教育の完全普及の達成
3　ジェンダー平等推進と女性の地位向上
4　乳幼児死亡率の削減
5　妊産婦の健康の改善
6　HIV／エイズ、マラリア、その他の疾病の蔓延の防止
7　環境の持続可能性確保
8　開発のためのグローバルなパートナーシップの推進

これに対してSDGsでは、中身はよく似ているものの、より簡略かつ具体的な形になった以下の17の目標を掲げています。

1　貧困をなくそう
2　飢餓をゼロに
3　すべての人に健康と福祉を

4　質の高い教育をみんなに

5　ジェンダー平等を実現しよう

6　安全な水とトイレを世界中に

7　エネルギーをみんなに　そしてクリーンに

8　働きがいも経済成長も

9　産業と技術革新の基盤をつくろう

10　人や国の不平等をなくそう

11　住み続けられるまちづくりを

12　つくる責任　つかう責任

13　気候変動に具体的な対策を

14　海の豊かさを守ろう

15　陸の豊かさも守ろう

16　平和と公正をすべての人に

17　パートナーシップで目標を達成しよう

ＳＤＧｓのこれら17の目標には、さらにそれぞれ具体的なターゲットが設定されています。ここでは詳細を割愛しますが、こちらはその数から「１６９のターゲット」と呼ばれています。さらにそれぞれの詳細版として具体的な数値目標が策定され、目指すべきゴールを明確にすることで目標達成を促しているのがＳＤＧｓの特徴です。

ＭＤＧｓの八つの目標とＳＤＧｓの17の目標を比較してみるとわかりますが、以前のＭＤＧｓはどちらかというと「先進国による途上国の支援」を中心とする内容でした。ＳＤＧｓではそれが「先進国と途上国が一丸になって達成」する形に変わっています。これは途上国の現場を知らない先進国が主導することで、支援が本当に必要としているところや隅々まで届かないことを避けるのが狙いのようです。だれひとり取り残さずに（平和と公正をすべての人に）、すべての国が一丸となって（パートナーシップで目標を達成しよう）取り組むべき課題を構成しているのがＳＤＧｓの大きな特徴です。

ＳＤＧｓの考え方に初めて触れたとき、私はこれまで自分が考えて実践してきたこと、つまり「ＮＳＧグループの考え方やこれまでの取り組みによく似ている」という印象を持ちました。そのため講演などの場でＳＤＧｓについて触れるときには、「時代がようやく私たちに近づいてきた」と冗談めかして話したこともありました。この印象は最初こそ漠然としたものでしたが、ＳＤＧｓについて詳しく知れば知るほど、ＮＳＧグループの考え方や活動と多くの共通点があるという印象がどんどん強くなっていきました。

たとえば「質の高い教育をみんなに」というのは、ＮＳＧグループが教育関連事業を通じて目指してきたことです。また「すべての人に健康と福祉を」というのは、医療・介護・福祉・保育事業によって目指してきた安心・安全づくりそのものです。「働きがいも経済成長も」や「産業と技術革新の基盤をつくろう」というのは、事業創造を通じて私たちが実現を目指してきたことです。これらを通じて私たちはまさしく「住み続けられるまちづくりを」というのを進めてきました。

ちなみに、「気候変動に具体的な対策を」「海の豊かさを守ろう」「陸の豊かさも守ろう」といった活動は、ＮＳＧグループとしてこれまで明確な目標にして進めてきたわけではありません。しかし自然との共生の考え方は、活動の柱として常に意識して行動することを心がけてきたので、その点でも一致しているように思いました。実際、太陽光をはじめとする再生可能エネルギーによる発電を事業化したり、グループの中でこれらに関係することに取り組んでいる例はあります。

それ以外の「貧困をなくそう」「飢餓をゼロに」「ジェンダー平等を実現しよう」「安全

な水とトイレを世界中に」「エネルギーをみんなに　そしてクリーンに」「人や国の不平等をなくそう」「つくる責任　つかう責任」「平和と公正をすべての人に」といった課題は、実現のためには公的な力が必要となる、行政主導で取り組むべき課題といえます。しかしそういうものの中にも、たとえば「貧困をなくそう」のように、雇用の創出などを通じて民間の立場でもＮＳＧグループが役割を果たしてきたものもあります。

そしてこれらのことを「パートナーシップで目標を達成しよう」というのも、ＮＳＧグループの考え方と同じです。以前のＭＤＧｓは先進国が途上国を支援するというものになっていたという話をしましたが、これは日本国内の地域振興における従来の、中央政府が考えたメニューで地方都市や地方の経済を支援する形によく似ています。その頃から私たちは、一方的に与えられる形ではなく、自らも考えて効果的な動きをすることで地方を元気にする形を模索してきました。そのために国や地方自治体に対して、時に提案をさせていただくこともありましたが、こうした取り組みはパートナーシップ、つまり協力関係を構築しながら目標を達成しようとするＳＤＧｓが目指している形と同じに思えました。

「NSG」に込めた新たな思い

本書の執筆に際して、NSGグループの考え方やこれまでの取り組みと、SDGsの考え方を改めて比較して、このように一致点が多いという印象はやはりどんどん強くなりました。私たちの活動は主に地方都市で行われていますが、常にグローバルを意識しているので一致点が多いのは当然かもしれません。一方で、一致点を見つけて満足することなく、この時代のトレンド（潮流）を私たちの活動を後押しする大きな力にするための一層の努力が必要だと強く感じています。

たとえば、SDGsは数値化によって目標の達成を促していますが、その新たなモノサシで自分たちの活動をあらためて分析することが必要だと感じています。またSDGsが目指していることを精査した上で、私たちが民間の立場でやってきたこと、これからやろうとしていることとの関連を見ながら、挑戦し続けていくことも大事であると考えています。そしてこれらの評価や新たな取り組みを広く情報発信していくことで、国や地方自治体、さらには地域などと連携を深めながら、私たちが活動している地方都市、国、世界を元気にしていく大きな流れにつなげていけたらと思います。

ちなみにNSGグループでは、二〇二〇年から新たなブランドスローガンを採用しています。新しい持続可能な成長を目指す「ニュー・サステナブル・グロース（New Sustainable Growth・NSG）」というのがそれです。グループ名の「NSG」はもともと「新潟総合学院」の略で、これが基本であることに変わりはありません。加えてSDGsが世界的に注目されていることもあり、私たちがもともと持っていた考え方をこれにからめる形で、自分たちが目指すべきことを端的に示す意味を「NSG」という言葉に新たに付け加えました。新しい持続可能な成長、すなわち「NSG（ニュー・サステナブル・グロース）」を目指しているのが、私たちNSG（新潟総合学院）グループということです。

私たちが創業以来目指してきたのは、単なる経済的な成長ではない、まさしく新しい成長のあり方でした。それは地域を活性化し、幸福と豊かさを感じられるようにするための事業の創造による成長であり、地球全体の課題解決に資する事業の創造による成長です。各地域が自立し、活性化することで初めて、国家や国際社会の持続的な発展が可能となります。それが私たちの考え方で、創業以来ずっと目指してきたことです。

そして新たに付加したNSGの意味、すなわち「ニュー・サステナブル・グロウス」を進めるために、これまで民間の立場で、関わる人々と共に幸せなまちづくりのモデルを構築し、その実践の中で人づくりを行い、多くの人財を育ててきました。さらには理念を共有し、経験を積んだ人たちを貴重な人財として全国、世界へ送り出すことで、自らの成長と共に、地球全体の持続可能な発展に貢献してきました。これがＮＳＧグループがこれまで行ってきたことです。

第3章

私たちの幸福論

幸福の形は一つではない

ＮＳＧグループの活動の方向性を決めている、私たちが考える幸福像について述べることにします。

幸福や豊かさの感じ方は人によってまちまちです。十人いれば十の幸福の形があるくらい多様です。そしてそんな数多くの幸福の形を実現するためのサポートを行うのが私たちの役割です。

十人いれば十の幸福の形があるのは、当たり前のことのように思われるかもしれません。しかし私がＮＳＧグループを創業した頃は、多様な幸福や豊かさ、すなわち自分なりの幸福の形を追い求めることが難しい時代でした。とくに私が生まれ育った新潟のような地方都市は環境が整っておらず、地域に住み続けながら幸福や豊かさを追い求めようとすると様々な障害にぶつかるのが常でした。若い人たちの多くは就学や就業などの時期になると故郷を離れて都会に移り住み、それを機に家族がばらばらに生活するのがふつうだったのです。そんな状況になんとか一石を投じたいと考えて学校を設立したのが、まさしくNSGグループの原点でした。

いまでも聞かれる「東京一極集中」という言葉に象徴されるこうした流れは、明治の時代から続いているものです。当時の日本政府は、それまで各藩が握っていた権限と財源を中央政府に集中させる、中央集権という仕組みをつくり上げて国家運営を行いました。効率を重視して、一部の地域にお金と人を集中させることで先行する欧米の国々に対抗するのが狙いです。この取り組みがうまく機能して、日本は短期間のうちに欧米と肩を並べる国家へと成長することができたのは周知のとおりです。

この中央集権という仕組みは、戦後の復興時にも大きな力を発揮しました。敗戦によって混乱している状況から一転して奇跡的な経済成長を遂げることができたのも、やはりこの仕組みがうまく機能したからです。とはいえ一部の地域にお金と人を集中させると、当然のことながら地域間の格差が生まれます。実際、成長が期待できる産業の中枢機能を一部の大都市に集中させたことで、それ以外の地域との差は大きくなりました。

私が生まれ育った新潟は、「それ以外の地域」でした。明治以降の主な役割は、食料やエネルギー、あるいは働き手を提供して日本の経済の成長を支えることでした。農業や漁業などの第一次産業への従事者が多く、大企業の生産拠点としての工場や下請け工場へのエネルギーを供給するための火力発電所か原子力発電所以外には、明治以前の時代からある地場産業がかろうじて在続しているというのが、その頃の地方都市の典型的な姿です。新潟の場合も例に漏れず、そのような状態が長く続いていました。

これはかなりいびつな状態ですが、経済が好調で日本全体が潤っていた時代はあまり大きな問題になりませんでした。地域間の格差はありましたが、うまくバランスを取っていたからです。稼いだお金を教育や福祉、あるいは公共事業などの形で地方に分配して、形の上では同じように発展しているようにすることで全国的な均衡を保とうとしていました。この流れの中で、成長産業を集中させた大都市だけでなく、地方都市にも空港や港湾、高速道路などのインフラが整備されました。これらは一時期、「行政による無駄遣い」の象徴のようにいわれましたが、それまでの経緯を考えると、見方は大きく変わってくるのではないでしょうか。

いまはどうでしょうか。国の財政は厳しい状況にあるので、一部の地域を発展させて得た果実で日本全国を豊かにすることは難しくなっています。時代が変わり、パラダイムも大きく変わったことで、従来の分配モデルでは明らかに立ち行かなくなっています。以前とは異なる発想や対応が求められているのは明らかです。

そしてNSGグループは、こうした状況を打開するために奮闘してきました。創業以来、私たちが力を注いできたのは、従来とは異なる幸福や豊かさの求め方です。それはすなわち大都市だけでなく、地方都市にいても求める幸福や豊かさを実現できるようにすることです。最初は無駄な抵抗をしているように思われる人もいたようですが、パラダイムが変わったいまでは、その価値や私たちの役割はどんどん大きくなっているように思います。

地方には地方なりの良さ、幸福の形があると口で言うのは簡単ですが、やはり現実が伴っていることが重要です。しかし実際は、新潟でも若い人たちが就学や就職を機に県外に転出する動きはいまだに盛んです。大きな原因は、求める教育や仕事が地域にないことです。もちろん若い頃は、見聞を広げるために地域の外に出て多くのことを学ぶのはいいことで、私たちもそうした生き方を応援しています。しかしこうした生き方は経済的な負担が大きく、だれでもできることではないので、その点を考えて別の選択ができるように環境を整えてきました。

理想はやはり、多くの選択肢がある状態ではないでしょうか。就学や就職に際して、大都市に行くことも地方に残ることも、さらに言えばある地方から別の地方に行くことも自由に選択できる状態です。NSGグループがこれまで取り組んできたのは、まさしくそのような状態をつくることでした。私たちが取り組んでいるすべてのことが、そのための活動と言ってもいいでしょう。

とはいえ大都市に比べて地方都市の環境整備は遅れていたので、多くの努力を地方都市・新潟の充実のために行わなければならないのが現実でした。もちろんそんな中でも幸福の形は人それぞれであると考えて、地域から飛び立っていくことを大いに推奨してきました。実際、NSGグループの学校の卒業者で、日本の大都市や世界に飛び出して活躍している人たちはたくさんいます。その一方で、地域を活動の拠点として、それぞれの住む地域の発展や活性化に寄与している人たちもたくさんいます。

様々な事業を通じて、私たちと縁が生じた多くの人たちが、多くの形の幸福や豊かさを実現できているとしたら、私たちにとってこれほど喜ばしいことはありません。

人とつながりながら感じる幸福と豊かさ

ＮＳＧグループの活動を通じて多くの人が幸福や豊かさを実現する上で、私がとくに大事にして推奨している考え方があります。それはコミュニティとより良い関係を築くことです。

人は一人で生きていくことはできないので、どこに住んで何をするにも、家族をはじめとするまわりの人たちとの関係はより良い人生を送る上で重要になります。そのため様々な活動を行う上で、コミュニティ力を高めてまわりの人たちや自分の住んでいる地域と良い関係を築く中で、幸福や豊かさを感じることができる状況を築くことを推奨しています。

私が育ったのはちょうど過渡期だったようで、日本におけるコミュニティの崩壊が著しい時代でした。都市化などによって町の再編や新設が進む中で、従来と異なる新しい人間関係がつくられていきました。それ以前の人間関係があまりに濃すぎたこともあって、その反動からか「希薄な人間関係」を好む人がたくさんいたのです。

背景には、戦後広まった「個人主義」の影響もありました。個人主義というのは、国家や社会の権威に対して個人の権利と自由を尊重することを主張する立場のことをいいます。行き過ぎた全体主義や集団主義が先の戦争を招いたことへの反省から、戦後は個人の尊厳を求めるこうした考え方が好まれて、一気に広まりました。

私も個人主義の影響を強く受けて育ったので、その良さはよく理解しています。多様な幸福の形を前提に実現のサポートを始めたのも、個人主義の考え方が少なからず影響しているように思います。とはいえ個人主義は本来、道徳や自律性と強く結び付いているもので、尊重されるべき自由や権利には社会的な義務や責任が伴うというのが私の認識です。実際には、これらが抜け落ちて、「自分さえ良ければいい」という利己主義に陥っている人たちがいたり、さらにはそういう人たちの行動が社会に大きな悪影響を与えることも起こっていたので、その点は大いに危惧していました。

こうした個人主義や一部の人たちの間で利己主義が進むことで、日本人の生活は大きく変化しました。子どもの頃から神社の活動を行っていた私が身をもって感じた変化は、コミュニティの崩壊と、それによる弊害です。コミュニティの活動に参加する人たちが少なくなったことに加えて、協力して何かを成し遂げようとする意欲も失われて、お祭りなどの地域行事の開催が困難になっていきました。私が住んでいる地方都市は古くからのコミュニティが残っているためまだ良いほうで、新しい人間関係によってつくられたコミュニティが多い大都市では、人とのつながりの弱さとそれによる弊害はより大きくなっているようです。

個人主義が進んでいるいまの価値観でいうと、こうしたことはそれほど悪いことではないように思えるかもしれません。とくに若い人の感覚だと、人とつながるのは何かと面倒が増えるばかりに思えて、仕事などの日々の活動で必要な関係以外はなるべく避けたくなるのがふつうのようです。しかし人とのつながりの弱さには、日常生活の中で安心や安全を感じられないという負の側面があります。実際、まわりとのつながりが希薄になったことで、大都市や過疎地を中心に高齢者の孤独死のようなことも起こっています。人とつながらないことは気楽さがある反面、このように悪い面もあるのです。

私は地方都市で活動しているので、大都市で働く地方出身者や、地方で暮らすそうした人たちの両親から悩みを聞くことがあります。よくあるのは、お互いに近くで暮らすことを望んでいながら（同居でないのは適度な距離を保つことでぶつかり合いを避けるのが目的のようです）、諸事情から実現できないという問題です。両親が高齢になると深刻さを増していきますが、経済的あるいは精神的問題から自分たちの住む大都市に両親を呼び寄せることができなかったり、その反対に故郷へ戻ることもできず、不安を募らせながら離れ離れに暮らすそれまでの生活を続けるしかないようです。

この問題の複雑さは、仮に経済面がクリアできても、精神面でうまく進まなかったりすることです。大都市で二世帯の生活を維持するのは経済的にたいへんで、一方の故郷への移住には転職先の有無や転職による収入減などの問題が生じるリスクがあります。仮にこうした問題をクリアすることができても、両親が不慣れな大都市での生活を嫌がったり、その反対に配偶者や子どもが不慣れな地方の生活を嫌がることがあります。そのため離れ離れに暮らしながらお互いが不安を募らせている状態をなかなか解消することが難しいようなのです。

NSGグループは、そのような状態の解消の一助になることをずっと目指してきました。ことに地方都市を活動拠点にしている私たちが力を注いできたのは、事業創造を通じて故郷に戻る際の就業を手助けしたり、家族の就学や生活における満足度を上げることでした。家族や地域とつながりながら感じる幸福の形を実現できるようにしてきたのですが、もちろんこうしたものは時代の変化と共に変わっていきます。根本的なものは不易で変わりませんが、実現のための手段は流行に左右されながら変わっていくので、そういうものを活動の中にうまく取り込んでいくことが大事です。

実際、ネット社会になってからは、これまで大都市でしかできなかったことの多くが、地方都市に居ながらにしてできるようになりました。コロナ禍では人々の移動の制限が厳しくなる一方で、ネットを使ったコミュニケーションが盛んに行われるようになりました。リアルで会ったときほどの満足感は得られないでしょうが、それでもデジタル技術を駆使することで遠く離れた場所に住む子どもや孫とやり取りが簡単にできるのはうれしいことです。

人が望んでいるつながり方もまた多様で、家族や地域とつながりながら感じることができる幸福の形もまた様々です。幸いにしていまは、直接的につながるだけでなく、このようにネットを駆使したり、そのほかの様々なツールを通じた緩やかなつながりも可能になっています。こうしたものを上手に使った新しい形を提案し、多くの人がそれぞれの求める幸福の形を実現すること、そのためのサポートを行うことも私たちの役割ではないかと考えています。

アイデンティティが確認できる場所

人は一人では生きていけないという話をしました。これは人間の宿命で、私たちは何をするにも他の人の力を借りています。そもそも両親がいなければこの世に生まれてくることはできません。そして生まれた後は、両親をはじめとするまわりの多くの人たちのサポートを受けながら成長し、様々なことを学んだり経験しながら生きる術などを身に付けていきます。

コミュニティというのは、そんなふうに自分が生きてきた中で関わりを持ってきた人たちが集まっている場所です。そこには自分のルーツであったり、これまで生きてきた足跡があります。もちろんこのルーツや足跡は必ずしも自分にとって好ましいものばかりではありませんが、そういうものも含めてすべてがいまの自分を構成しているものです。別の言い方をすれば、それこそが自分であって、コミュニティというのは自分という存在、アイデンティティを確認できる場所ということができます。

自分が自分であることを確認できる場所は様々です。生まれた場所や育った場所、苦労して何かを成し遂げた場所などからも、自分のルーツや足跡を確認することができます。常に意識しているわけではありませんが、私たちは故郷や思い入れのある場所を思って特別な感情を抱くことがあります。それはその場所からアイデンティティを確認しているということではないでしょうか。

ＮＳＧグループの活動拠点である新潟のような地方都市では、進学や就職などを機に、若い人たちが生まれ育った地域を離れるケースが多々あります。勉強や仕事など人生において優先しなければならない目的のために、好むと好まざるとにかかわらず地縁のある場所を離れざるを得ないのが現実です。期待と不安を抱きながら向かう新天地では、それまでとは異なる数多くのことを経験できるでしょうから、それは人として成長する大きなチャンスにもなり得ます。実際、大都市で多くのことを経験して、そこがアイデンティティを確認できる新たな場所になっている人もいます。

人と関わりを持つというのはそういうことです。すでにあるコミュニティに入ることもあれば、関わり合いの中で新しいコミュニティが形成されることもあります。いずれの場合もそこに自分の足跡が刻まれます。もちろんコミュニティの価値はそれぞれ異なるので、中には一過性の役割を果たした後に消えてしまうような不安定なものもあります。新たな場所を見つけていたらなおさらで、消えてしまった古い場所への思い入れは弱くなります。

一方で、長く残り続けるものもあります。それは代わりになるものがない、自分のルーツが確認できる故郷への思いです。大都市に比べて変化が少ないとはいえ、地方の町の様相もまた時代と共に大きく変化していきます。故郷を離れて生活している人の多くは、久しぶりに帰ってみると、町並みが大きく変化していることに驚かされるものです。同時にそういう表面上の変化からはうかがい知れない、懐かしい気持ちや郷愁を感じたことは多くの人が経験していることではないでしょうか。

そこまで明確な形ではないにせよ、故郷と関わりのあるものに思い入れを持つことはよくあります。たとえば高校野球で出身都道府県の出場校をつい応援したり、地域密着で活動しているプロのサッカークラブ、野球、バスケットボール、ラグビーなどのチームの試合結果に一喜一憂するというのがそうです。こういう感覚はコミュニティとの関係が深いものほどより強く感じられるようになります。そして時に人を動かす大きな原動力になります。

私の場合も、この思いを胸にNSGグループを創業しました。繰り返しになりますが、地域が衰退していくのを見て危機感を抱いたのが立ち上がるきっかけになりました。もちろん幸福の形は様々なので、時代のを流れ自体は否定せず、それ以外の様々な幸福の形を追求できるようにすることを意識しながら活動に取り組んできました。といっても世の中の流れは大都市志向が圧倒的に強かったので、必然的に地域をいかに盛り上げていくかに多くの力を注ぐことになりました。こうした努力は当然、こらからもずっと続けていくことが必要でしょう。一方で多くの人が、自分にとってのアイデンティティが確認できる場所を大切にされるようになることを願っています。

人とのつながりの弱さは近年、地方だけでなく大都市でも深刻な問題になっています。地方ではコミュニティの崩壊という形で起こっていますが、大都市でもとくに新しくできた郊外の町では人とのつながりの弱さは問題視され、高齢者の孤独死に象徴されるように、豊かなはずの日本で安心かつ安全な生活が失われている一因として注目されています。こうした状況を改善していかないことには、日本人の生活は幸福で豊かなものからどんどん離れていくのではないでしょうか。

コミュニティとの関わり方は、これが正しいという形がなく、強制されて行うようなものではないのでなかなか難しい問題です。ただし故郷を思う気持ちはだれにでもあるので、その中から故郷のために立ち上がる人たちが出てきてコミュニティづくりを行えば、こうした状況を少しは好転させられるかもしれません。もちろんすべての人が望んでいる形をつくるのは難しいので、思いの程度に差がある多くの人が参加できるようにする工夫であったり、効果的な戦術、さらにはそれらを実現するための多くの努力が必要になるでしょう。

ネット社会では現在、地域コミュニティの形にとどまらず、同じ世代であったり同じ趣味や嗜好など、従来とは少し異なる新しい形のコミュニティも形成されています。残念ながら従来の地域コミュニティに代わるような大きな潮流にまではなっていないものの、こういうものをとっかかりに新しいセーフティネットの形を模索してみるのも一つの手ではないでしょうか。NSGグループとしても、従来の地域コミュニティを大切に守りつつ、一方で多様化の時代の新たな人とのつながりを考えながら、新しい形のコミュニティづくりや安心、安全づくりのサポートも行っていけたらと考えています。

異郷の地で学ぶことができるもの

NSGグループは地方都市の新潟を活動の拠点にしています。そのため私たちが運営する学校に通ったり、会社に就職する人の多くは、必然的に学生生活や社会人生活を地方都市で送ることになります。その意味や価値について、改めて考えてみることにします。

大都市と地方都市の生活は、実は最近はそれほど大きく変わりません。大都市で暮らしていた人が地方の田舎に行くとさすがに生活が大きく変わりますが、新潟のような地方の中核都市はインフラの整備や生活していく上で必要な物やサービスを提供するお店も充実しているので不便さを感じる機会は少ないようです。大都市に比べて渋滞などの混雑が少なく、ちょっと足を延ばせば多くの自然に触れられるので、むしろ快適さを感じる機会が増えるかもしれません。もちろん教育や医療・福祉などの環境は大都市のほうが充実しているので、その点はまだまだ不便さを感じることが多いようです。

それでもそうした快適さや、子育て環境の良さといった地方都市の利点を求めて、近年は大都市からわざわざ地方に移住する動きが見られるようになりました。背景にはライフスタイルの変化があります。高速鉄道やインターネットなどのインフラの充実によって、近年は働き方に大きな変化が生じています。地方都市から大都市の職場に毎日通うことが可能になったり、職種によってはリモートで仕事をすることができるので、生活環境の良い地方都市を生活拠点として選択する人も出てきているようです。

一方で、大都市にいないとできない仕事はたくさんあるので、大都市志向はまだまだ健在です。刺激が得られる新しいものや文化との触れやすさや、人とのつながりの希薄さを好んで地方から大都市を目指す動きも相変わらず活発です。私は地方創生に力を注いできましたが、こうした大都市志向を否定しているわけではありません。その人の夢の実現に必要なことはどんどんやるべきという立場で、むしろ積極的にサポートしてきました。もちろんその一方で、地方都市を拠点に活動することも推奨し、環境整備に力を注いできました。それは多様な幸福の形を実現するためです。

残念なことに以前の新潟では、夢の実現のためにやむを得ず故郷を離れなければならないと考えるのが当たり前になっていました。そのような状況をなんとか変えたいと思い、故郷に残りながらでも夢を実現できるようにするべく様々な活動に取り組んできました。つまり選択肢を増やすこと、多様な幸福な形を選べるようにすることが、私たちが目指してきたことなのです。これまで力を注いできた教育環境の充実や、医療・福祉の充実などは、すべてそのためのものといっていいでしょう。

同時に、こうした活動には地方都市を守るという意味合いもありました。若い人を中心に、刺激を求めて大都市など繁栄している場所に向かいたがるのは人間の性のようなものです。しかしその結果、若い世代を中心とする行動的な人たちが去ることで地方の町は活気を失い、コミュニティの崩壊まで起こっているのがいまの地方の状況です。それは時代の流れの中で起こっている、やむを得ない現象なのかもしれませんが、先人たちから受け継がれているものや、いつか故郷に戻るかもしれない人たちのためにも、やはり抗って守るべきではないでしょうか。

とくに古くからあるコミュニティは、長い時間をかけてつくられた文化の影響を強く受けています。地縁のある人たちにとって、それらは貴重で、守るべき価値のあるものです。一方で地縁のない人たちにとっても、触れることでそこから学ぶことができるものはたくさんあるでしょう。それが文化というもので、地域で守ることができないなら、近隣にある新潟のような中核都市が奮闘して守るためのサポートをすべきというのが私の考えです。

たとえば東京のような大都市には、全国各地から様々な人が集まり、だれもが知っているような標準化された文化しかないように思われるかもしれません。新しくできた、歴史の浅いコミュニティは確かにそうですが、実は大都市でも古くからのコミュニティがあるところには、長い時の中でつくられた文化が伝えられています。それらは実際にその場所で暮らしたところで、コミュニティやそこで暮らす人たちと表面的な関わりしか持っていないと、深い部分まで学ぶどころか知ることさえできないでしょう。大都市の中にもそのような歴史的文化もあるもので、それらはやはり学びを提供する貴重な価値のあるものとして守っていくことが大事です。

地方都市の場合はより特徴的で、コミュニティから文化をより強く感じることができます。地方都市の多くは、それぞれが置かれている独自の環境で独自に発展して、独特の生活習慣や文化を培っています。それぞれの成り立ちや地域性によって大きく異なる文化があり、まさしく多様性を感じることができるのが地方都市です。就学や就職など縁あって暮らすことになったら、日常生活の中でそういうものをぜひ感じてみるといいでしょう。

中国のことわざに「郷に入っては郷に従え」というのがあります。見知らぬ土地で平穏に暮らすための知恵で、自分の価値観と異なっていても、その地域やコミュニティの慣習や文化にあった行動を取ったほうがいいという意味です。とはいえその地域の慣習や文化を理解しないことには、行動を合わせることができません。つまり郷に入っては郷に従えというのは、コミュニティと触れ合いながら、慣習や文化を理解することを前提にしていることがわかります。見知らぬコミュニティにどっぷり浸かるのは難しいでしょうが、できる範囲で溶け込んでみると面白いでしょう。

たとえば社会に貢献することを強く意識して活動してきたＮＳＧグループは、新潟というコミュニティの中で生まれ、育ちました。私たちは新潟の文化から大きな影響を受けているので、実は新潟の文化の中には、人々を幸福にいざなう上で必要なものがあるのかもしれません。実際に新潟で暮らす中で、そうしたものを感じたり、あるいはもっと別の魅力的なものを感じることができるかもしれません。それがコミュニティと触れ合うことの良さです。

もちろんこれは、新潟以外のどの場所で生活するときにも体験できるものです。とくに地方都市は、それぞれが置かれている独自の環境で独自に発展し、独特の文化を培っているので、実際に生活する中で直接的な触れ合い、学ぶことができるものはたくさんあります。そういうものに触れながら多様性を肌で感じることは、自分の生き方や考え方をより良いものに変えたり、人間力を高めていくことにつながるでしょう。

新潟で感じることができる「日本の霊性」

それでは新潟の場合は、文化に直接触れることで、どのようなことを感じることができきるでしょうか。これは予備知識があったほうが感じ取りやすくなるでしょうから、地域のことを理解してもらうために、新潟の風土や歴史について簡単に触れておくことにします。

新潟の地における人類の活動の歴史は古く、約五千年前の縄文時代に環状集落が形成されていたことが沖ノ原遺跡（中魚沼郡津南町）や馬高遺跡（長岡市）から確認されています。そこからすでに集団で社会生活を営んでいたことがわかります。近年の研究では、この頃すでに計画農業が行われていたとみられています。縄文時代には主食としてのどんぐりなどの木の実の栽培が行われ、縄文時代後期には稲作が始まっていたという説が有力となっているのです。

いずれにしても縄文時代にすでに、文化的な生活が行われていたのは事実のようです。その痕跡は、炎が燃え上がっているような把手の形状の「火焔型土器」の出土から確認されています。実はこの火焔型土器の大半は、新潟で見つかっています。そこから新潟は、当時の社会における要所になっていたことが推測できます。

ちなみに火焔型土器は、後に芸術家の岡本太郎の創作活動に大きな影響を与えたことが広く知られています。日本人の精神性を追求した哲学者の梅原猛は、その著書『日本の霊性　越後・佐渡を歩く』（新潮社）の中で、「縄文土器が芸術としてたいへん優れていることを発見した岡本太郎（一九一一～一九九六年）は、湯沢にスキーに行った際にしばしば十日町市を訪れて、この火焔土器をみた」と紹介しています。

そして梅原自身も火焔型土器だけでなく縄文文化そのものを高く評価し、「環境破壊が叫ばれる今、自然との共生を求める人間が立ち返るべき文化が縄文文化である」と述べています。ＮＳＧグループもまた自然との共生を重要な課題と捉えていますが、文化的背景にあるのは縄文時代から脈々と続いているものなのかもしれません。

その後、大陸から九州北部に稲作文化が波及し、日本における弥生文化の時代が始まりました。紀元前三世紀頃で、やがて新潟にも稲作や弥生文化が伝えられました。新潟の弥生文化の特色は、稲作以外にも見られる、翡翠や碧玉、鉄石英などの良質な鉱物資源を加工し、玉類などの特産品にして広く交易していた点です。交易範囲は、現在の北海道から関東や北陸以西にまで及んでいたという見方もあるくらいで、かなり盛んに行われていたようです。現在の新潟も港町として栄えていますが、ルーツはこの頃にあるのかもしれません。

ちなみにその後、大和朝廷が中央集権国家をつくり上げていく中で、新潟には六四七年に渟足柵《ぬたりのき》、六四八年に磐舟柵《いわふねのき》が築かれました。これらは国境の防衛兼行政施設のようなもので、大和朝廷を中心とする国家と、支配が及んでいない北の蝦夷の人たちの地域の境がこの頃の新潟にあったということのようです。もちろんそれ以前から両方の地域と交易が行われていたので、当時の新潟は異なる文化の両方と触れることができる、つまりは多様な文化の影響を受けている場所であったことが想像できます。

こうした特徴的な土地柄は中世に入っても維持されていたようです。新潟には時の政権の中心地になっていた京都や鎌倉から、役人や物資を運ぶ商人だけでなく、宗教家や文化人らが数多く訪れました。宗教家や文化人の来訪が多かったのは、いずれも現在の新潟に位置していた越後と佐渡が、いわゆる政治犯の流刑の地になっていたからです。たとえば越後へ流刑された者には、親鸞（一二〇七年流刑）がいました。一方、佐渡へ流刑された者の中には、順徳天皇（一二二一年流刑）、日蓮（一二七一年流刑）、日野資朝（一三二五年流刑）、世阿弥（一四三四年流刑）などがいました。

当時の政治犯は、流刑地で比較的自由に行動することができたようです。そのため日蓮や世阿弥などのように、流刑先で代表的な著作の執筆を行っていた人もいます。一方、流刑人を受け入れた側は、彼らを通じて都の文化や生活様式を学び、生活の中に取り入れていきました。そうしたことが新潟の土地柄にも強く影響を与えてきたことはまちがいないでしょう。

前出の梅原猛は、やはり『日本の霊性　越後・佐渡を歩く』の中で、「越後で三種の日本的霊性が目覚めたと言わねばならない」と述べています。「親鸞によって浄土教的な日本的霊性が、日蓮によって法華宗的な日本的霊性が、そして良寛と白隠によって禅宗的な日本的霊性が目覚めた」というのが梅原の見方です。親鸞と日蓮は、流刑地での生活の中で自己の思想を深めていきました。また曹洞宗の僧だった良寛は越後人で、越後で活躍していたこと、さらに駿河人（現在の静岡県）だった白隠も越後と信濃（現在の長野県）の間の飯山の正受老人によって真の悟りに達したことから、そのように考えたようです。

さらに彼らの霊性を目覚めさせたものは、「ひょっとしたら日本の霊性の根源であるこの越後に花を咲かせた縄文の霊性が仏教の霊性の目覚めに大きな影響を与えたのかもしれない」と大胆に推測しています。この点は私も大いに興味を持っています。梅原は「縄文の霊性」と表現していましたが、これは別の言い方をすると日本の文化の中にある「神道の霊性」につながるものです。実際、新潟県内の神社の数は現在、全国第1位の約4700社（第2位の兵庫県が約3900社、第3位の福岡県が約3400社）で、ここからも新潟が「日本の霊性」、さらには「神道の霊性」の根源の場所であることが見て取れます。

このように新潟は縄文文化以来、霊性の国とされてきました。その場所で中世や近世の霊性が開花しているのを「単なる偶然」と切り捨てることはできないでしょう。私は地域の文化というのは、過去から脈々と伝えられているものの中に新たなものを取り入れながらつくられていると考えているので、梅原の見方はさらに研究を深めていくべき価値がある仮説としてみています。

ちなみにNSGグループのルーツの場所でもある古町愛宕神社と古町神明宮は、全国一の数を誇る新潟の神社のうちの二つです。ことに古町神明宮に合祀（一緒にまつる）されている船江大神宮は、延喜式神名帳（九二七年）という古い時代の記録に記されている新潟の中心部で唯一の式内社で、平安時代にはすでに由緒ある神社として尊崇されていました。「日本の霊性」や「神道の霊性」といったものを直に感じることができるかもしれないので、興味のある方はぜひお参りに来て、実際に肌で感じてみてはどうでしょうか。

「日本で最も豊かな国」の姿

江戸時代になると、新潟は海運の拠点として発展しました。前述のようにもともと異文化が重なる場所でしたが、港町新潟という現在に続くイメージは、この頃から形成され始めたようです。きっかけは日本海側の諸藩の年貢米を大坂へ運ぶルートとして、下関を回って瀬戸内海経由で大坂に至る「西廻海運」が生まれたことにありました。

この頃に最も積み出し量が多かったのはやはり米で、元禄の時代に年間70万俵以上が積み出されたという記録があります。一方の荷揚げ品は、木綿、能登や瀬戸内の塩、近江の畳表、北海道の昆布・ニシンなどがありました。当時は新潟・寺泊・直江津などに港があり、大坂・瀬戸内・山陰・奥州・松前の廻船問屋の船が入港して物品の流通を行っていたようです。幕末から昭和初期にかけてが最盛期で、日本海海運の要所として発展しました。

もともと低湿地の多い新潟には多くの運河が掘られ、荷の揚げ降ろしの場所としてたいへん便利でした。また佐渡島に強風を緩和される地形の利もあり、安全な航海に必要な風待ちの地として船乗りに好まれていました。こうしたことも新潟が港町として大きく発展する要因になっていたようです。

そして明治の時代に入ると、新潟でも海外との交流が正式に始まります。一八六九（明治二）年に開港五港の一つとして動き出し、イギリスとドイツが領事館を設置したり、フランスやイタリアからやってきた宣教師によって教会が建てられました。この頃から新潟に関する記述が、海外の書物などでも見られるようになりました。たとえばイギリス人旅行家のイザベラ・バードが記した『日本奥地紀行』（平凡社）では、明治初期の新潟を「日本で最も豊かな国」として紹介しています。米の生産量の多い新潟は、江戸時代からすでに多くの人で賑わっていましたが、一八七三（明治六）年の人口は144万人で全国1位になりました。

バードが書き残したのは、まさしくそんな豊かな時代の新潟の様子でした。そしてバードは東日本の各地を旅して、新潟には現在の福島県の会津から入りました。そして津川から阿賀野川を舟下りした時のことを、「（阿賀野川は）廃墟のないライン川である。しかもそのいずれにもまさって美しい。馬の背よりも狭い尾根で結ばれている山々あり、灰いろの巨岩が支え壁となっている山々がある。激流は深い割れ目を作って流れ、高台には屋根が塔状の寺がある。深いかやぶき屋根の村落は明るい日射しを受けて、花咲く林の向こうに見えかくれする。近くの山々の間から、白雪の山脈が遠く姿をのぞかせている」と記しています。

さらに新潟で一週間ほど過ごした時のことを、以下のようにより具体的に伝えています。そこには外国人から見た当時の新潟の姿がありありと表現されていました。

「新潟は美しい繁華な町である。人口は五万人で富裕な越後地方の首都である。越後は人口一五〇万人で新潟はその県令（県知事）のいるところで、主要な裁判所や、立派な学校、病院、兵舎がある。

旧市街地は、私が今まで見た町の中で最も整然として清潔であり、最も居心地の良さそうな町である。そして、外国人居留地によく見られる押し合いへし合いの光景が少しも見られない。ここは美しい料亭が多いので有名であり、遠くの地方から訪れてくるものが多い。また、劇場が立派で、この町の一大中心地となっている。町は美しいほどに清潔なので、日光のときと同じように、このよく掃き清められた街路を泥靴で歩くのは気が引けるほどである。

これらの水路は往来が激しい。しかし早朝には、野菜を積んだ船が入ってきて、その混雑は想像に絶する。この野菜がなくては、町の人は一日も暮らしてゆくことができないのである。町のどこへ行っても貧困の様子は見られない」

多くの人が雪国・新潟に抱いているイメージとは多少異なるかもしれませんが、これもまた歴史の中で見られた新潟の姿なのです。

地域の文化を象徴している物語

これはどこの地域でも同じですが、人々の間で伝えられている歴史上の物語があります。中でもとくに長く伝えられているものは、人々の心を引きつけているということですから、その地域の文化を象徴しているものとみることもできます。

たとえば、新潟には「米百俵」という有名な逸話があります。北越戦争（戊辰戦争の一つ）で敗れた長岡藩は、所領を減らされたことで石高は7万4000石から2万4000石になり、財政が窮乏し、藩士たちはその日の食にも苦慮する状態でした。この窮状を見かねて支藩の三根山藩が百俵の米を贈りましたが、藩の大参事である小林虎三郎は贈られた米を藩士に分け与えず、売却して学校設立の費用にすることを決めました。この決定にまわりは反対したものの、「百俵の米も食えばたちまちなくなるが、教育にあてれば明日の一万、百万俵となる」と諭して、自らの政策を押し切ったという話です。

この「米百俵」は、教育の重要性を伝える故事として全国に知られています。もちろんこうした考えは、地域にも文化として根付いているように思います。地域が窮地に陥っていると感じたとき、私もまた教育に活路を見出そうと考えました。小林虎三郎が藩政を担う公職の立場で教育の充実を考えていたのに対して、私は民間の立場で取り組もうとしたというちがいはあるものの、これはやはり単なる偶然の一致のようなものではなく、背景にやはり地域の文化的影響があるのかもしれません。

これ以外にも新潟にはたくさんの物語が伝えられています。それらはどれも興味深いものですが、中でもとくに私の興味を引きつけているのが、「明和義人」と「イタリア軒」の物語です。それぞれ以下に紹介しますが、二つの物語は一般的にはあまり広く知られていない、地域の人たちの気質や文化などを象徴しているものとして私は見ています。

まずは明和義人の物語です。江戸時代の半ば、明和の頃に驚くべき働きをなした涌井藤四郎と岩船屋佐次兵衛の二人を中心とする町人たちの物語です。

財政の悪化に苦しんでいた長岡藩は一七六七（明和四）年、新潟湊で暮らす町民に１５００両という多額の御用金を納めるように命じました。ちょうど阿賀野川の改修とその後の洪水によって船の出入りが減って不況に陥っていた時期で、町民たちは御用金を全額納めることができず、半分の７５０両を納めて、残りは翌年に支払うことで許しを得ました。ところが翌年になっても景気は回復せず、残り半金の７５０両の支払いが難しかったため、町民たちは大いに悩みました。

このとき町民の中心にいたのが涌井藤四郎です。彼ら町民は会合を開いて御用金の支払いを先延ばしにしてもらおうと話し合いを行っていましたが、この集まりをお上に対する反逆的な行動と判断した長岡藩は、中心となって動いていた藤四郎らを捕まえて牢に閉じ込めました。このことがきっかけになって町民たちは反発心を強め、一七六八（明和五）年九月に大勢の人たちが集まって、折からの飢饉の中で米を買い占めて町民を苦しめていた豪商や町の有力者の家などを次々と打ち壊しました。いわゆる「新潟明和騒動」のきっかけとなったこの打ち壊しには、およそ一千人の町民が参加したとされています。

新潟奉行所はこの騒ぎを鎮めようとしましたが、町民たちの抵抗が激しく、やむなく藤四郎らを解放しました。その後、打ち壊し騒ぎは説得に当たった藤四郎ら町民たちの手で鎮められ、以降二カ月の間、新潟町の町政は長岡藩に代わって藤四郎ら町民が担うことになりました。世界で初めて民衆の自治が行われたのは一八七一年の「パリ・コミューン」（フランスのパリでつくられた労働者自治政府。鎮圧されるまで二カ月ほど存在）とされていますが、それより約百年も前のことです。わずかな期間とはいえ封建時代の日本で町民による自治が行われた、世界的に見ても非常に画期的な出来事でした。

その後、長岡藩は藤四郎たちを長岡に呼び出して、吟味の末に藤四郎と、行動を共にしていた岩船屋佐次兵衛を打ち首に処しました。お上に背いた罪人として処刑されたことで、彼らの功績も歴史から葬り去られることになったのです。しかし実際にはそうならず、二人のことは新潟が誇るべき歴史として口伝で密かに語り伝えられていました。その際にとくに重要な役割を果たしたのが地域に根ざして生きてきた町民であり、地域の歴史や文化を語り継いできた置屋やそこで働く芸妓さんたちです。こうした人たちが伝えてきたことで、「明和義人」の物語を私たちはいまでは、本やマンガ、ミュージカルなど様々な形で知ることができます。

それまで二人の義人のことは、密かに崇められていました。しかし明治時代になると政治の体制が変わったことで制約が弱くなり、私が宮司を務めている古町愛宕神社境内社の口之神社に正式に祀られることが許されました。一八八四（明治十七）年のことです。その際にも地域の人たちが強く動いたようですが、時の政府からなかなか認められず、他地域ですでに奉られていた義民である木内惣五郎（彼が活躍した千葉の地名から佐倉惣五郎ともいわれています）の御霊を分祀していただいた上で、合祀することでようやく実現しました。ちなみに現在は、明和義人の物語は二人を顕彰するお祭り、「明和義人祭」が新潟市中央区の上古町商店街で毎年八月に開かれていますが、そこで行われる明和義人行列には、二人の役を務めている人に加えて、明和義人の物語を語り継いだ象徴的な存在として「お雪」という芸妓役の方も登場しています。

彼らが生きていた時代の新潟湊は、港町気質で自由闊達な雰囲気があったようです。そんな場所だから厳しい封建制が敷かれていた時代にもかかわらず、一時的とはいえ町民による自治が実現したのかもしれません。「明和義人」の物語は、そんな当時の新潟の空気感を知ることができる貴重なものなのです。

新潟人の気質がわかる「イタリア軒」の物語

一方の「イタリア軒」の物語の舞台は明治初期の新潟です。江戸末期に幕府が対外貿易の門戸とした開港五港の一つ、新潟には、開港以降、多くの外国人が訪れました。その中の一人、イタリア人の青年でコックだったピエトロ・ミリオーレ（愛称・ミオラ）がこの物語の主人公です。

ミオラはフランスのサーカス団「スリエ曲馬団」の一員として明治初期に新潟にやって

きました。ところが大けがを負い、公演後も一人新潟に残ることになりました。その際、赤毛の異人である彼を、当時新潟で曲馬団に雇われていた権助とおすいの親子（父娘）がサポートしました。二人の献身的な介抱によってミオラはやがて心身共に元気を取り戻しました。

この話に感動した当時の県令の楠本正隆が中心になってミオラをサポートし、賛同した医師や実業家など地域の人たちから資金提供を受けて、彼は日本で生活するための基盤をつくることができました。異国の地で親身になって手助けしてくれた新潟の人たちと心を通わせながら、一八七四（明治七）年に営所通一番町に新潟初の西洋食品店をオープンさせました。店は大繁盛し、おすいとも夫婦となり、新潟の地で幸せに暮らし始めました。

そんなミオラは再び不幸に見舞われます。一八八〇（明治十三）年の大火で繁盛していた店が焼失してしまったのです。しかしここでも新潟の人たちの温かい励ましを受けて、また親交のあった地域の旦那衆などから資金援助も得て、再び店をオープンさせることができました。当時の新潟の経済人は、単なる情だけでなく、地域の発展のために彼の力が必要と考えて惜しみない支援を行ったのかもしれません。

妻の発案で「イタリア軒」と名付けられたお店は、イタリア人が日本で初めて開いたレストランでもありました。洋館のたたずまいで異国の料理の味を楽しむことができるイタリア軒は、時代の最先端を行くレストランとして人気を博しました。日本で初めてミートソースを提供したとされるレストランは、「これぞ新潟の鹿鳴館」と地域の人たちから誉めたたえられたようです。以降もミオラは、新潟の地に新しい食文化の風を吹かせ続け、新潟の人たちから愛され続けました。

その後、ミオラは30年以上新潟で暮らした後、望郷の念にかられて単身でイタリアへ戻りました。そこから先のことは詳しい記録が残っていないのでわかりませんが、まわりには「必ず新潟に戻る」という言葉を残しての帰国だったので、彼の地で何かしらのトラブルに見舞われたのではないかと考えられています。はっきりとわかっているのは、一九二〇（大正九）年に故郷のチュリン市で生涯を終えたことです。

ミオラが遺したイタリア軒は、新潟の文明開化の象徴となり、財界人の社交場として親しまれました。後に宿泊機能を備えてホテルになりましたが、ホテル内にあるレストランでは、いまもミオラの時代のイタリア軒の味が引き継がれています。

このイタリア軒の物語の主人公は、異国の地からやってきたミオラです。しかし彼を支えたまわりの人たちから、新潟人の気質を強く感じることができるのがこの物語の特徴です。最初は遠巻きに見ていたかもしれませんが、異質なものにも寛容なので、相手が外国人であろうと困っているときには手助けをしてくれます。また目標を持って挑戦しようとしている人に、資金を含めて惜しみなく援助をしてくれるのも、いかにも新潟の人らしいと感じさせてくれます。

ちなみにイタリア軒は、縁あって現在はＮＳＧグループが経営を担っています。長らく地域の放送局が経営されていましたが、経営権の譲渡を検討された際、ＮＳＧグループなら地域の文化遺産として大切に扱うだろうということでお話をいただき、困難を伴うのを覚悟しながら経営を引き継ぐことになりました。明治という新しい時代に、右も左もわからない異国の地で様々な挑戦を行ってきたミオラは私たちにとって手本にすべき存在ですが、その彼の遺産を私たちが引き継いでいることに不思議な縁を感じています。

地域に古くから伝わっている物語からは、このようにその地域の人たちの気質であったり文化などをうかがい知ることができます。長く伝えられている物語には、それ自体に魅力がありますが、このように背景にある文化を意識しながら地域の物語に触れてみると、様々な発見があって面白いでしょう。

地域と触れ合いながら感じられるもの

文化人類学者で県民性研究の第一人者、祖父江孝男は「新潟県人の性格は一声で言えば粘り強く、勤勉だが地味」だとしています。これは長い冬を雪の中で耐えながら暮らしている雪国としてのイメージからきているものだと思われます。

実際の新潟を知らない人は「なるほどそんなものだろう」と納得するかもしれませんが、私にはかなり違和感があります。実際の新潟県人の気質は、地域によってかなり異なります。祖父江が示した雪国に暮らす人としての気質は確かにありますが、それ以外にも地域によって、開放的な港町気質や、やや閉鎖的な城下町気質なども強く見られたりするので、画一的なイメージで捉えると大きく見誤ることになるのではないでしょうか。

たとえば私自身が港町の中心で生まれ育ったことも関係していると思いますが、人や物、文化の出入りが活発に行われてきた中で形成されたものも新潟人の気質としてあると感じています。それはよそ者を排除せず、それぞれのちがいを受け入れてきた多様性であったり、日々勤勉に励みつつ、お祭りなど特別なときには羽目を外して心から楽しむ素直さなどです。実際、私のまわりにはそういう気質を持った人たちがたくさんいます。これらは歴史的、文化的背景によって形成されているもので、これもまたまちがいなく新潟人気質としてあるものです。

もちろん人によっては、もっと別の見方をするでしょう。それらがその人が実際に地域の中での触れ合いを通じて感じたものなら、すべて正しい見方になるのかもしれません。そんなふうに自分なりの見方を養うことができるのも、実際にコミュニティの中で生活し、様々な人や文化と触れ合うことのメリットではないでしょうか。

コミュニケーションの方法が多様化している現代は、対面での直接的なやり取りだけでなく、インターネットを介したデジタル・コミュニケーションも盛んに行われています。そうした方法で他の地域の人とやり取りをしたり、異なる多くの文化に触れながら学ぶこともできるでしょうから、得意な人は見識を広げるためのツールとしてどんどん活用するといいでしょう。ただしデジタル・コミュニケーションは対象を手軽に広く浅く学ぶツールとして優れているものの、より深く学ぶのには不向きといったデメリットもあります。そこは対面による直接的なやり取りのほうが分があるので（対象が直接触れられるものに限定される上、手間もかかって面倒ではありますが）、目的に応じてうまく使い分けるといいでしょう。

ＮＳＧグループの学校には、毎年多くの学生が入学しています。その中には新潟県内から通っている人もいますし、地縁のない県外、それこそ全国各地からやってきたり、より遠くの海外からの留学生もいます。またグループの会社では、やはり様々な地域から様々な人たちを採用しています。そして多くの人が、地方都市・新潟で新しい生活を始めています。そんな人たちに改めて伝えたいのは、せっかく異郷の地に来たのだから、コミュニティと一定の関わりを持ちながら、地縁が生じた場所のことを学び、それをその後の人生に活かしてもらいたいということです。これは見知らぬ土地で新たな生活を始めた人だけでなく、古くから地域に住んでいる人にも伝えたいことです。

新たな生活の中で触れることができるものは、学校や会社はもちろん、日常生活を送っているコミュニティもすべて、直接触れる中で多くのものを得ることができる貴重な学びの場になります。実際にコミュニティの中で生活し、様々な人や文化に直接触れると、先人たちから伝えられてきたものを肌で感じ、学ぶことができるでしょう。これはやはりデジタル・コミュニケーションでは難しいことです。

それぞれの地域にはそれぞれの地域なりの歴史があり、それぞれの慣習や文化を形成してきました。そういうものを直接的に学ぶ機会は、コミュニティの中で生活し、まわりの人とつながることで学ぶことができます。せっかく貴重な機会を得ているのですから、それを活かして深い学びに結び付けてはどうでしょうか。

とくに新潟は、古くから異文化との交流が盛んで、多様なものと触れながら文化を形成してきた場所です。異質なものを受け入れ、そこから新しいものを生み出してきたので、文化に触れながら感じられることは数多くあるでしょう。新潟人の気質として自己表現が苦手な面もあるので（これはどの地域でも同じようです）、直接的なコミュニケーションをする場合、最初は取っつきにくさを感じるかもしれません。しかしもともと多様性に優れている面もあるので、心を開いて付き合うことができれば、溶け込んでいくことができるでしょう。とくに新潟市内は港町気質が強く見られるので、挑戦してみてはどうでしょうか。

いずれにしてもこうしたことを直接体験できるのが異郷の地の生活のメリットです。自分の心がけ次第で、感じられること、得られるものは多々あります。せっかく新潟と縁が生じたのですから、そこで直接的な触れ合いの中でぜひ多くのことを感じてください。そしてその中で得たものは、それぞれが戻った先で自分と縁のある人たちのため、縁のある社会のために役立てることができるでしょうから、将来、自分の地域に戻ったときには、それを地域の発展のためにぜひ活かしていただければと思います。

もちろんその際には、新潟との縁も大切にしてください。一人の力、一つの地域の力は弱くても、協力し合うことでより大きなことを成し遂げられるものです。私たちは他の地域ともつながりながら活動の輪を広げていくことを常に考えているので、新潟と縁が生じた人たちがその橋渡し役になることを期待しています。これは当然、お互いにとってメリットのある、ウインウインの関係を築くことを前提にしています。NSGグループとの些細な縁から新たなパートナーシップが生まれて、それがお互いの地域や世界をより豊かなものに変えていく一助にできたら、これほど素晴らしいことはないでしょう。

第4章

私たちの「人づくり」

様々な教育ニーズに応える

ＮＳＧグループの「人づくり」に関する考え方について改めて述べることにします。「人づくり」の中心にあるのは、もちろん教育関連事業です。

ＮＳＧグループの教育機関には現在、大学院大学、大学、各種専門学校、高等学校、認定こども園、保育園などがあります。そのほか学習塾や資格取得スクールをはじめ、ダンスやサッカーなどのスポーツスクール、各種社会人スクールなどを運営し、幼児から大人までがあらゆることを学ぶことができる生涯教育の場の提供に努めています。このような多様な教育の場を大都市ではなく、新潟を中心とする地方都市で提供することが私たちの役割であると考えて邁進してきました。

たとえば東京のような大都市にはあらゆる教育機関が豊富にあり、近隣に住んでいる人たちは当たり前のように望んでいる様々な教育を受けることができます。しかし新潟のような地方都市では、高校までの教育機関はそれなりに充実しているものの、より専門性の高い教育や高度な教育を受ける教育機関はあまりありませんでした。実際、国策として各都道府県につくられた国立大学がある程度でした。そのことが若者の流出を招き、ひいては地域の衰退にまでつながっていたので、この状況をなんとか変えたいという思いがありました。専門学校を皮切りに、大学院大学や大学などで新たな教育を次々と提供してきた私たちの取り組みのベースには、このような問題意識があります。

近年は人々の教育に関するニーズがさらに多様化しているので、こうした取り組みにはさらにきめ細かさが求められています。専門性の高い教育や高度な教育だけでなく、高校までの基礎教育でも従来と異なる学び方が求められているので、そうしたニーズに応えていく必要があると考えています。

ちなみにＮＳＧグループの教育機関の中でその役割を大いに果たしてきたといえるのが、開志学園高等学校（二〇〇二年開校）と開志国際高等学校（二〇一四年開校）という二つの高等学校です。それぞれ以下のように、一般的な高校と異なる特徴があります。

開志学園高校は通信制かつ単位制（前期後期の二期制）の高等学校で、一人一人の個性を最大限に発揮できる指導を行っています。通学形態は多様で、週4日コース、週2日コース、週1日コース、オンラインコースがあり、学生たちがそれぞれの生活スタイルに合った形を選択できるようになっています。NSGグループの専門学校と連携して指導や協力を受けられ、様々な分野において早期才能教育を行っています。卒業生にはタレント、歌手、漫画家、絵本作家、イラストレーター、サッカーやゴルフなどのプロスポーツ選手として活躍している人がいます。

一方の開志国際高校は全日制の高等学校で、グローバル教育、リーダー教育、キャリア教育を掲げて、世界で、社会で、大きく活躍する人間を育てることを目標にしています。医学科進学コース、国際情報コース、国際アスリートコース、アスリートコースがあり、学生たちは自ら道を切り開いていくために主体的に学んでいます。卒業生には、バスケットボールやゴルフ、スノーボードなどのトップレベルの舞台で活躍している人がいます。

もちろん近年の教育ニーズはさらに多様化しているので、さらなるニーズに応えるために新たな教育機関の創設も視野に入れています。現在運営している認定こども園や保育園以外の、小学校や中学校、さらにはフリースクールのようなものです。これらは地域の人たちが多様な教育の機会が得られるようにするために必要と考えています。

たとえば学校に通いながら集団生活を送ることが唯一の学び方と捉えていた中では、いわゆる「不登校」は問題行動とされています。しかし、いじめなどのやむを得ない事情からそうせざるを得なかったり、もともと集団行動に向いていない子どももいます。不登校を問題行動とするのはあまりに一面的な見方です。当の子どもからすると不登校は人生を放棄している行動のようなものでなく、自分の心と素直に向き合って動いているだけかもしれません。

最近は不登校児に寄り添った様々な形の教育が行われるようになりました。親の手厚い支援やフリースクールなどを利用しながら立派に成長して、社会の中で大活躍している人も出てきているので、不登校そのものは必ずしも問題行動としない風潮になってきているようです。いずれにしても一つの方法で対応してきた従来の教育では限界があります。いまは教育環境や学び方も多様なものが求められているので、私たちがなすべきことはまだまだたくさんあると強く感じています。

一方で、教育の中身も多様なものが求められているので、以前から行ってきた、社会の変化を予測しながら新しいニーズをいち早く取り入れた教育の提供にも継続して力を注いでいく必要があります。こちらは知識や技術はもちろんですが、人としての生き方や人間力を高める教育の提供も重要なテーマになっています。

また教育は子どもだけでなく大人にも必要なもので、だれもが必要なことを必要なときに学ぶことができる環境が身近にあるのが理想の姿です。各種の社会人スクールをはじめとして、そのための活動は現在も行っていますが、こうした生涯教育の場をさらに拡充させて、地域の教育環境をより充実させていくことも私たちがなすべき大切な役割であると認識しています。

多様な生き方を支援

教育関連事業を通じた私たちの人づくりでは、多様な生き方のサポートを心がけています。具体的には、特殊な知識や技術を活かした専門性の高い分野で活躍するスペシャリストをはじめ、組織のリーダーや、そのサポート役として活躍できる人の育成に力を注いでいます。

社会が求めるタイプは一つではなく、いまは様々なタイプの人が求められています。それらはいまあげた三つのタイプに大別できます。私たちの人づくりは、その人自身が望むような生き方をしながら幸福になるお手伝いをすることを最重視しています。一方で、リーダー、スペシャリスト、その人たちのサポート役など社会が求めているタイプの育成を進めることで、実社会における本人の活躍の幅や機会を広げ、同時に社会を元気にしたいと考えています。

いずれにしても、まずはその人自身がどのような生き方をしたいのか自分で考えながら決めることが重要です。ＮＳＧグループでは、そうしたことを促すための「実践行動学」という独自の教育プログラムを用意しています。実践行動学については、後ほど改めて詳しく紹介することにしますが、ここでは実社会で活躍する姿を具体的に意識できるように、先ほどの求められている三つのタイプの話をすることにします。

まずはリーダーです。ここでいうリーダーは、目標を設定して組織を繁栄に導くために先頭に立って挑戦する人のことをいいます。一口にリーダーといっても種類は千差万別です。世界を相手に挑戦するグローバル・リーダーから、地域に根ざした活動で挑戦し続けるローカル・リーダー、さらには組織の中のあるパートを任されて期待されている成果を上げることに挑戦しているリーダーなど様々なタイプがいます。

リーダーというと、ごく一部の人しかなることができないイメージがあるかもしれません。しかし日本の中に限っても、大集団から小集団まで多くの組織が活動しています。これらのすべてが安定的かつ継続的に活動できるわけではなく、多くの組織が消えていく一方で、また新たな組織が生まれてということを繰り返しています。いずれにしてもその一つ一つの組織で、目標を掲げてまわりを巻き込んでいきながら進んでいくリーダーが求められているのですから、活躍の場はみなさんが想像している以上にたくさんあります。実際、多くの組織で、リーダータイプの人財の不足が問題になっています。

次いでスペシャリストです。こちらは文字どおり、ある分野の知識や技術を備えて活躍している人のことです。多くの人が関わっている分野で突出した活躍をする人もいれば、より専門性の高いニッチな分野で活動している人もいますので、スペシャリストのタイプもまた多様です。NSGグループには多くの学校がありますが、専門学校をはじめとして大学や大学院大学などほとんどの学校が様々な分野のスペシャリストを育成するために専門性の高い教育を行っています。

ちなみに最近は、「T型人材（人財）」という、ある分野の知識や経験、スキルを軸にして、そのほかの幅広いジャンルにも展開できる視野の広さを持った人、すなわち専門性と同時に人間力にも長けた人が求められています。またスペシャリストの中には、優れた専門知識を武器にイノベーターとして活躍している人もいれば、優れた人間力を備えて組織を率いるリーダーとして活躍している人もいます。そうしたことから私たちは、スペシャリストの育成においてもある一つの分野を極めることにとどまらず、多様な力が備えられるような教育プログラムを提供することを心がけています。

最後のサポート役は、リーダーやスペシャリストとして活動している人をサポートする人です。世の中の多くはそのような立場にありますが、実際にそのことを意識しながら活動している人は少ないようです。これは実にもったいないことで、私は多くの人に充実した人生を送ってもらうべく、機会のあるたびにサポート役の必要性、やりがいなどについて話をしています。

組織の活動は、規模が大きくなればなるほど様々な役割を担う多くの人財が必要になります。全体や各パートのリーダーはもちろん、専門性の高い仕事を担当するスペシャリスト、そしてそれらの人たちをサポートする人が必要になります。優秀なリーダーがいれば挑戦はうまくいきやすくなりますが、現実にはそれで組織がうまく回るわけではありません。継続的に安定した活動を行うには、リーダーを支える参謀役、多くのサポート役の力が必要なのです。実際、うまく回っている組織には、良きリーダーのほかに、良き参謀役やサポート役が必ずいます。

これはスペシャリストの場合も同じです。独力で突出したイノベーターとしての力を発揮して成功しているように見えて、そのじつ参謀役やサポート役の貢献が大きなカギになっているケースはたくさんあります。ある分野で優れた才能を発揮しているからといって、その人が成功に必要なすべてのことに長けているとは限りません。分野によって異なりますが、スペシャリストやイノベーターとして大成するにはその分野以外のことも必要になるので、参謀役やサポート役に力を借りる場面は意外に多いのです。

リーダーやスペシャリストとして活躍することは、多くの人にとって憧れかもしれません。しかし実際には、向き不向きもあるのでだれもが進むことができる道ではありません。ある時期まで挑戦してみたものの、途中で挫折して夢を諦めてしまった人がたくさんいるのが現実です。

そういう人が自分の夢を託す形で参謀役やサポート役になって、リーダーの成功に大きく貢献しているケースもたくさんあります。もちろん最初から参謀役やサポート役の道を進むのも、それはそれで立派な選択であり素晴らしい生き方です。もしも人生をかけて取り組む価値があると思えるような組織のリーダーやスペシャリストが掲げる夢や目標に出合うことができたら、一緒に追い求めてみるといいでしょう。

参謀役やサポート役という生き方は、主役ではなく脇役のようなものに思えるかもしれません。しかしこれもまた多様な生き方の一つに過ぎません。何かを成し遂げる場合、多くの人が参加し、それぞれが得意分野で貢献し、また不得意なことはまわりが補いながら進むと達成しやすくなります。私たちの社会はこれまでも、多様な人が集まり、多様な力を発揮しながら発展してきました。それは本来、まわりが価値観を押しつけて評価するようなものでなく、どのような道を選ぼうと本人の自由です。もちろんその中で、最良の結果を求めて努力することができたら、充実した人生を送ることができるでしょう。

私が個人的に考えている理想は、社会の中にリーダーとスペシャリスト、サポート役がそれぞれ三分の一程度いる状態です。その人たちが自分たちの掲げる夢や目標に向かって前向きな気持ちで努力していったら、地域や日本の社会全体が必ずや元気になっていくでしょう。そしてそのような意欲のある人たちを育成することこそが、人づくりを通して私たちがなすべきことだと考えています。

ナンバーワン戦略とオンリーワン戦略の意味

ＮＳＧグループの教育方針について述べておきます。私たちが目指しているものに、「ナンバーワン」と「オンリーワン」の教育の提供があります。それぞれ質の高い教育と、よそでは受けることができない特殊な教育を意味しています。

いまの話は専門学校を例にするとわかりやすいと思います。ＮＳＧグループには現在、30を超える専門学校がありますが、これらは大きく2種類に分けることができます。一つは専門学校の定番であるビジネススキルや情報処理、医療事務などを扱っている学校です。そしてもう一つは、漫画家やミュージシャン、ゲームクリエイターやカーデザイナーなどを養成するユニークな講座がある学校です。そして前者では徹底してナンバーワンを目指し、後者はオンリーワンを目指しています。

定番の教育を提供している学校では、学生たちの多くが経理関係や法律関係、あるいは公務員試験などの国家試験に合格することを目指して学んでいます。そうした学校で徹底的に合格率アップに結び付く教育の提供を目指してきたことがナンバーワン戦略です。合格に結び付く教育を提供することは、何よりも学生たちにとって最大の利益になります。同時に合格率アップは学校としての価値を高めることにつながるので、徹底して取り組んできました。

一方のオンリーワン戦略は、先例はないものの、教育を受けたいという潜在ニーズが高い分野の教育を提供することをいいます。たとえば、先ほどあげた漫画家やミュージシャン、ゲームクリエイターやカーデザイナーなどを養成する講座のある学校以外に、アニマルセラピーやアウトドアなど私たちが日本で初めて講座を開設したものは多々あります。こうした特殊な教育を提供する学校が人口の多い大都市でなく、地方都市にあることに大きな価値があります。多様な教育を受けることができる環境づくりにつながるからで、社会の変化やニーズを分析しながら将来必要となる知識や技術を見極めて、いち早く提供する努力を続けてきました。

このナンバーワン戦略、オンリーワン戦略は、少し異なる意味で実際の教育の場でも重視しています。その道の第一人者を講師として招いたり、高い評価を受けている作品を間近で見ることができるようにして、学生たちがナンバーワンやオンリーワンに触れる機会をつくっています。

高い評価を受けているものやその道の第一人者として活躍しているナンバーワン、唯一無二のものやほかの人が進まない分野を歩いているオンリーワンに触れることは、学生たちにとって心を揺さぶる大きな刺激になります。これは一見すると自分が進んでいる道と無関係に見える分野のものや人であっても同じです。そういう経験を機に発奮して積極的に動き始めるようになり、大成している人は様々な分野でたくさんいます。そのためこうした機会を設けて、学生たちの背中を押す刺激にしているのです。

ナンバーワンになるのもオンリーワンになるのもたいへんなことなので、その人がなぜ高い評価を受けているのか、そもそもなぜその道を選択したのか、そしてどんなことをモチベーションにして、どのような困難をどのように乗り越えてきたかなど、実際に触れることができると学生たちにとってすべてのことが参考になります。そのときに得られた刺激に啓発されて、自分もまた人生をかけてやりたいこと、自分なりの生き方を探すきっかけにすることもできます。また少し視点を変えると、ナンバーワンやオンリーワンに触れることは結果を出すための戦術を学ぶ機会にもなるなど多くのメリットがあります。

実はある道で大成しているナンバーワンやオンリーワンには心の広い寛容な人が多く、とくに熱意を持って接してくる人を快く受け入れてくれます。私たちの学校では、グループの方針として学生たちにそのような機会を積極的に提供するように努めていますが、これは趣旨を理解して協力してくださっているナンバーワンやオンリーワンの人たちの厚意に支えられています。そのことを感謝とともに付け加えておきます。

突出した人財の育成に結びつく教育

ＮＳＧグループの人づくりは、リーダーやスペシャリスト、それを支える参謀やサポート役など多様な生き方を支援するものです。しかしその中で突出するための教育を提供することは簡単なことではありません。とくにリーダー教育に関しては、日本ではあまり場がなく効果的なものにするための検討も行われていないので、独自の努力を続けています。

地方都市に限らず大都市でも日本では突出して活躍する人を育てる教育が見られないのは、国が進めてきた教育の方向に大きく関係しています。明治維新以降、日本は欧米に追いつき追い越すことを目標に邁進してきましたが、この時代はイノベーションの中心を担うスペシャリストや、状況が大きく変化する中でも要として動くことができる変革リーダーなど突出した動きをする人もそれなりに育っていました。しかし日本の経済が大きく飛躍した戦後の高度経済成長期には、発展成長した組織をいかに維持するかに主眼が置かれるようになり、国の教育が決められたことを素早く確実に行うことができる、いわば管理の力に優れたタイプの育成に、より力が注がれるようになりました。その状態が長く続いたので、突出した動きができる人が育ちにくくなっていたのです。

近年はその頃と変わって、新たなイノベーションを起こすことができるイノベーターや、状況が大きく変化する中で突出した動きができる変革リーダータイプの人が強く求められるようになっています。しかし国の教育がそちらの方向に踏み出すまでに多くの時間を要しました。バブル経済後の日本は混迷を極め、新たに進むべき方向の模索に多くの時間を使いました。その間はよく「失われた〇十年」という言い方をされますが、教育もまた同じで、新たに進むべき方向の模索のために多くの時間が必要だったのです。この混迷の一因は社会の状況にもあります。いまもそうですが、日本の社会にはかつての風潮が残っていて、横並び意識が強く、突出することがあまり好まれません。そんなことも背景にあって、日本における教育の質的変化はなかなか進んでいないのです。

とはいえ挑戦をしない社会に明るい未来はありません。従来のことを続けているだけではじり貧で、社会や経済を維持したり発展させるにはイノベーションや変革が必要です。

その中心になるのがイノベーターや変革リーダーなどの、いわゆる突出した動きができるタイプの人たちです。こうした人たちは日本では圧倒的に不足しています。私たちの人づくりにおいて、スペシャリストやリーダーの中で突出した動きができる人たちの育成に、より注力しているのは、その意味で必然ではないかと思います。

実はこの危機感は全国共通のようで、突出した動きをする人を育成するための教育の必要性を訴える声はあちこちで聞かれます。その声に後押しされて、近年は義務教育も与えられた知識を座学で受け取る学習に加えて、アクティブ・ラーニングのような自ら動きながら自力で考える学習方法への転換が図られています。自ら考えて実行するのはイノベーターや変革リーダーに必要な要素なので、こうした変化がやがては突出した動きができる人たちの育成につながるものと期待しています。その中でＮＳＧグループは、私たちができ得る方法を模索しながら、社会が求めているタイプの人財の育成に一層尽力していきたいと思います。

日本人の「超一流」のいま

日本は突出した活躍をする人が育ちにくい社会であるという話をしましたが、実は最近では国内に限らず、世界の第一線で活躍する人が出てきているのも確かです。さらには彼らの活躍に刺激を受けて、同じような道を進んだり、結果を出している人もたくさん出てきています。これは素晴らしいことです。余談ですが前述のナンバーワン戦略、オンリーワン戦略には、こうした好循環を地域につくるという意図があることを付け加えておきます。

突出した活躍をしている人をここでは「超一流」と呼ぶことにします。この超一流の育成が日本でとくに顕著に進んでいるのはスポーツの世界で、日本人選手が世界を舞台に活躍するケースが増えています。野球の世界では大谷翔平がアメリカのメジャーリーグで投手と打者の両方で高い力を発揮する、二刀流という突出した活躍を見せて注目を集めています。一方、サッカーの世界では、海を渡ってイングランドのプレミアリーグやイタリアのセリエA、さらにはスペインのラ・リーガやドイツのブンデスリーガなど世界のトップクラスが集まるヨーロッパのリーグ（下部組織も含む）で活躍する日本人選手が次々と出てきています。先頃カタールで開催されたワールドカップで日本が強豪ドイツ、スペインに勝って決勝トーナメントに進むことができたのは、その成果です。

個人スポーツの世界では、テニスの錦織圭や大坂なおみ、ゴルフの松山英樹のように、世界のトップクラスと互角に戦っている選手が出てきています。私の活動拠点である新潟はウインタースポーツが盛んな場所で、日本人にはあまり馴染みがないこの分野でも、アルペンスキーやジャンプ、あるいはスノーボードなど様々な競技で多くの日本人選手が世界の第一線で活躍しています。ちなみに中国の北京で開催された二〇二二年の冬季オリンピックの金メダリスト、平野歩夢（スノーボード男子ハーフパイプ）や銅メダリストの冨田せな（スノーボード女子ハーフパイプ）は、共に前出の開志国際高校の卒業生です。

また近年は音楽の世界でも突出した活躍をする人が次々と出てきています。実際、世界的コンクールで日本人の演奏家が受賞するニュースを見聞きする機会はかなり増えています。ピアノコンクールの最高峰、5年に1度開催されるショパン国際ピアノコンクールで2位に入賞した反田恭平はその代表です。ノーベル賞の受賞者や、世界で高く評価される芸術家やデザイナーなど、ある分野で日本人が個人の能力を高く評価されるケースは以前からありました。それが最近では、スポーツや芸術を中心に、活躍の領域が以前に比べて大きく広がっている印象です。

その一方で、国際機関における活動やビジネスなどの分野では、日本人の超一流がなかなか育っていません。国内でリーダーシップを発揮している人はいるものの、マネジメント力が高く評価されてグローバルで活躍しているような人はほとんどいないのです。

国際機関における活動というのは、わかりやすく言うと国際貢献や国際行政への関与です。グローバル化が進んでいるわりには、この分野への日本人の進出はあまり進んでいません。ビジネスの世界もしかりで、海外を相手にビジネスを行ったり、外資系の企業で働く日本人は増えているものの、リーダーとして突出したマネジメント力で超一流の働きをしている人はほとんどいません。日本人経営者が日本以外の国の企業の経営を任されて、その企業を飛躍的に成長させているような例は皆無といっていいでしょう。

もっと言えば、日本国内ではイノベーターになり得るスペシャリストや、変革者になり得るローカル・リーダーも明らかに不足しています。前者はビジネスに限らず様々な分野で革新的な製品やサービス、あるいは仕組みや成果を生み出すプロジェクトの中核で役割を果たせる人のことです。一方、後者は停滞している地域の経済を活性化させるための起爆剤になるような仕掛けができる人、つまり私がライフワークとして取り組んでいる地方創生を現場レベルで大きく進めることができる人のことです。

ここにあげた様々なタイプの人たちは、日本という国がこの先も繁栄し続けていく上で欠かすことができない存在になり得る人たちです。超一流や一流が育っている分野では、まわりが啓発されて動きが活発化する傾向があるという話をしましたが、これらのタイプはまさしくそのど真ん中にいて、まわりに好影響を与えることができる人たちです。彼らの数や動き方次第で、その分野で行われることの中身や進化の具合、実績などが大きくちがってきます。超一流や一流が多いほどその分野の動きは活発化するので、様々なタイプの突出した人たちが育つことで日本という国が得ることができるものはたくさんあります。

化石燃料などのようなそのまま輸出することができる資源がほとんどない日本は、原料を海外から輸入して付加価値の高い工業製品に加工することで外貨を得てきました。しかし、グローバル化によっていまは他の多くの国が同じことを行うようになっています。その中で繁栄し続けていくためにはより付加価値の高い工業製品を提供したり、いまあるものを利用したり、ないものを補いながら従来と異なる新しい価値を生み出していくことが求められます。たとえばこれまでは主に国内向けだった農業分野で質の高い農産物を生産して海外に輸出したり、マンガ、アニメのような新しい文化の輸出など、日本が未来を切り開いていく道はたくさんあります。

先ほどあげた様々なタイプの人たちは、こうした活動を進める上でコアになります。NSGグループは社会のニーズの変化をいち早く見極めて、様々なタイプの育成に注力してきました。とくに突出した動きをするイノベーターやマネージメント力に長けた組織リーダーの育成は重要であり、まさしく人づくりを柱にしている私たちに期待されていることは多々あるように思います。

開志と自律を促す

NSGグループの学校では、その分野の最高の知識や技術などを学ぶことができる教育プログラムを提供すべく日々研鑽しています。一方で、実社会で活躍するにはそれだけでは不十分なので、前述のように人間力を高める教育にも力を注いでいます。

知識や技術を獲得するのは大事なことで、それらを習得すると活躍の幅は広がります。しかし実際に世の中に出ると、知識や技術だけでは解決できない問題がたくさんあります。

そこで学生たちがそうした状況に直面することを前提に、獲得した知識や技術を活用しつつ、そのときどきの状況を見ながら自分が進むべき道や解決法を自分で考えて決め、実行する力を養えるように促しています。そのための教育プログラムが「実践行動学」です。

実践行動学については、後の項で詳しく述べます。ここでは柱になる考え方、「開志」と「自律」について話をします。いずれもＮＳＧグループの人づくりの中心にある、重要な考え方です。

二つの言葉は、文字どおり「開志」は「志を開く」、「自律」は「自らを律すること」という意味です。一般的にはそれぞれ「立志」や「自立」という言葉が使われることが多いようです。しかし私たちは意味合いを深く検討し、「開志」と「自律」という言葉を使うようになりました。

まずは「開志」です。一般的には「立志」、すなわち「志を立てる」という言葉が使われます。「開志」はＮＳＧグループ独自の言葉です。意味はほとんど同じですが、志が特定の人だけが抱く特別なものでないことを強調するために、あえて「開志」という言葉を使っています。

人がこの世の中に生まれてくるのは意味があることで、すべての人には必ずなんらかの使命や役割があります。また、すべての人には大きな可能性があるので、その人が意欲的に行えば、それを高いレベルで成し遂げることができます。私たちはそのような考えで、ゼロから何かを生み出すように志を立てるのではなく、もともとその人の中にある志に気づいて開いていけるように導くことを教育の使命と捉えています。「開志」という言葉を使っているのはそのためです。

志があるとないとでは生き方は大きく変わります。志があると心の持ち方や信念のようなものができて、様々なことがそのモノサシによって判断できるようになります。つまり志は、自分なりの理念であり、自分なりの価値基準になり得るものなのです。

実社会に出ると、人は様々な場面で判断が求められます。そういうとき理念がない人は、あれこれ考えて迷い、なかなか行動できなかったり、逆にあてずっぽうで動いて、まわりから見るといかにも一貫性のない動きをしているように思われたりします。これらはすべて、考えや行動を決める価値基準になるものがないのが原因です。しかし志がある人は、自分の価値基準に基づいて判断することができます。「自分で決める」ことができるので、力強く前に進むことができるのです。

志があるのは、いわば精神的な背骨ができた状態です。価値判断のモノサシが自分の中にあることで、様々なことの判断があまり迷うことなくできるようになります。この判断がいつも正しいとは限りませんが、この価値基準をベースにすることで、自分が進むべき道の見極めや目標づくりで迷うことが少なくなり、前に進みやすくなります。また、考え方や行動に一貫性があることで、まわりからの信頼を得られやすくなり、地に足がついた人生を送りやすくなります。

次いで「自律」です。人の生き方には、大きく分けると二つあります。だれかに指示されながら生きる生き方と、自分で考え、決めながら生きる生き方の二つです。一般的によく使われている「自立」は後者の生き方を指します。もちろん、自分で考え、決めるといっても、その思考や決断が自分の利益に基づいているのか、あるいは他人の利益のことも考慮しているかで中身は大きく変わってきます。自ら立つのは素晴らしいことですが、やはり目的も大事です。その際に自利、すなわち自分の利益だけに走らず、他人の利益（利他）を考えることができる状態が、私たちが提案している自らを律すること、すなわち「自律」に基づく生き方ということになります。

実際には何から何までまわりの指示どおりに動く人などいませんし、その反対に何から何まで自分で考え、自分で決めるということもなかなかできません。また、自らの利益を放棄して、まわりや社会の利益だけを追求するというのも現実的ではありません。ここでいう「自律」は、そのような極端な姿勢のことではありません。人生には節目節目で決断をしなければならないことがありますが、自分にとって大事なことを考えたり決めなければならないとき、自らの利益だけでなく、まわりの利益にもつながるような価値基準や規範を自らつくり、それに基づいて判断したり決断できるようになるのが理想です。それが私たちが大事にしている「自律」が目指している状態です。

もちろん自分の価値基準に基づいて判断しながら生きた結果が、必ずしもプラスの結果を招くわけではありません。予想しなかった要素によって、不利益を被ることもあるでしょう。しかしその場合でも、自分の考えの足りなさや状況を分析しながら軌道修正の方向を考えることができるのが、開志をして自律的な生き方をすることのメリットです。自分で考え、進むべき道を決める生き方をしていると、状況に応じて自分自身でいくらでも修正することができます。そして私たちは人づくりによって、多くの人にそのような生き方をしてもらいたいと考えています。

人間教育から実践サポートまで

ＮＳＧグループの人づくりについて理解していただくために、私たちが考える学校の役割についてここで簡単に述べておきます。

学校は「学力を身に付け、知識を学ぶ場」というのが多くの人の理解です。どのような学力を身に付けたり、どのような知識を学ぶのかは、学校の種類によってまちまちです。たとえば保育園や幼稚園は、保育をサポートしてもらったり、生活する上での知識を学ぶ場所になっています。そして、小学校、中学校までは基礎学力を身に付ける場所として位置付けられています。その上の高校ないし高専と呼ばれている学校は、より高いレベルの学力を身に付けたり、学校によっては専門知識を学ぶ場所です。さらにその上の専門学校や大学、大学院などは、やはり高いレベルの学力を身に付けつつ、専攻する分野の専門知識を深く学ぶ場所であるというのが、多くの人の日本の学校に対するイメージではないでしょうか。

しかし一部の高校や専門学校、大学、大学院を除くと、学力を高めるというより、ほとんどが形式的な知識を身に付ける場所になっているのが現実です。これは専門知識を学ぶことが建前になっている、高等レベルの教育を行っている学校でも基本的に同じです。その分野の深い知識や最先端の知識を扱っているところもありますが、そのようなところはむしろ少数派になります。専門知識を教えている学校で学んでも、実際に現場に出たときにはあまり役立つことのない形式的な知識しか身に付かないということが多いようです。

背景には、日本の社会が抱えている事情があります。前述のとおり日本の教育にはかつて戦争後の経済復興を担う人たちの育成が求められて、答えが用意されている決まり切った知識をより多く身に付けることが最優先に考えられていました。社会に出てからの専門的な教育は、就職した先の各企業で行うのが主流になっていたので、こうした基礎的な知識を身に付けることに力が注がれていました。しかしバブル経済の崩壊後は、各企業の社員教育のコストが削られて、近年はとくに採用基準が即戦力志向に変わっています。状況に応じて柔軟に対応できる力、課題とその解決方法を自ら見つけ出す力、自分で考えて道を切り開いていく力などが求められるようになっています。ところが学校教育ではこうした社会ニーズへの対応があまり進んでおらず、大きなギャップが生まれています。

実はこうしたギャップは、基本的な知識の獲得を目的とする従来型の教育の中でも生じています。たとえば各分野が著しく進歩している昨今は、基本的知識にしてもそれに合わせてカリキュラムを変えていかないことには、深い知識や最先端の知識を教えることができません。ところが実際には、学校や教員らの不勉強や努力不足でカリキュラムの中身がバージョンアップされず、専門教育の中身がその分野の進歩に大きく遅れを取ることが様々なところで起こっています。せっかく学校で学んでもこれでは学生たちの利益が少ないので、そうさせないためにＮＳＧグループの学校では日進月歩で進歩している知識や技術を追い続けて、それらを教育プログラムの中に取り込んでいく努力を重ねています。これは、学校は形式的な知識だけでなく、もっと実用的な知識や最先端の知識を身に付けられる場にならなければいけない、という考えに基づいています。

同時に私たちは、学校は生き生きと過ごすために必要な能力が身に付けられる場にならなければいけないと考えています。基礎的な学力や実践的な知識に加えて、自らの意志と力で人生を切り開いていくことができる人間力を育むこともまた学校に期待されている役割だという認識です。ことに人間力の育成は、教育目標として取り組むには難しい面がありますが、少なくとも自分の進む道や、そのために何をすべきかを自分で考えて決められるようになるくらいのことを目指すべきです。そしてこの課題に長年にわたり取り組む中で「実践行動学」という教育プログラムを開発・導入し、学生たちのニーズを分析しながら改良を加え続けています。

この教育プログラムは、ファシリテーターからサポートを受けながら、目標達成のための心のあり方とスキルを身に付けるものです。ベースには、「人は限りない可能性を持っている」「目標のある人生は素晴らしい」「情熱とスキルが目標を達成する」という三つの理念があります。

人には無限の可能性があります。どんな人でも意欲的に挑戦すれば、たいていのことはある程度の結果を出すことができます。もちろん、様々な制約があるので、大きな成果につながらなかったり、なかなか結果が出せないこともあります。しかし、そういう場合でも、きちんとした戦略を立て、情熱を持って意欲的に挑戦し続けることができれば、未来は大きく変わる可能性があります。それこそどんな人であろうと、目指している道で大成することは可能です。

ところが多くの人は、この無限の可能性を自ら潰しています。原因はほかならぬ自分自身のネガティブ思考にあるのがよくあるパターンです。何かに挑戦するとき、最初からネガティブ思考でいる人は滅多にいませんが、途中の状況が芳しくなかったときや壁にぶつかったときなどに、「自分には無理かもしれない」とつい考えてしまう人がたくさんいます。実践行動学ではそうならないような思考法を伝授したり、ファシリテーターがサポートすることで挑戦的な人生を送ることができるように促しています。

また人間は、目標が明確で、それを絶えず意識しているときのほうが持てる力を発揮しやすくなります。自分が目指していること、そして進むべき方向がはっきりしていると、迷うことなく進むことができるものです。実践行動学を活用すると、そうした状態を意図してつくることができます。

加えて、目標を達成するには何がなんでもそのことを成し遂げたいという強い思いが必要です。モチベーションを持つこと、そしてその状態を高いレベルで維持し続けることがカギになります。さらにしっかりとした戦略や戦術があればさらに目標としている状態を実現しやすくなります。とはいえ、何もかも自分で行うのはたいへんで、アドバイザーや協力者の手助けがあったほうが挑戦を継続しやすくなります。実践行動学ではファシリテーターがそうした役割を果たしていますが、こうした経験を通じてモチベーションの維持やサポーターづくりなども学ぶことができます。

生涯教育への取り組み

ＮＳＧグループは生涯学習のための教育にも積極的に取り組んでいます。社会に出てから、さらにはリタイヤ後に役立つ様々な教育プログラムも提供しています。なおかつ知識や技能だけでなく、開志を促して自律的な生き方ができるような教育プログラムを用意して多くの人たちのニーズに応えられるようにしているのが、私たちの教育の最大の特徴です。

なんでもそうですが、目標に挑むには準備が必要です。達成への早道は、やはり必要なときに必要なことを学ぶことです。これは学生時代だけでなく社会人になってからも変わらないことです。もっといえば老後も同じで、必要なときに必要なことを学ぶのは、何歳になっても変わらない、一生涯必要な志を実現するための王道的な生き方といえます。

そしてこの王道的な生き方をする上で欠かせないのが教育です。人が生涯学んだり、学習を続けていくことを「生涯学習」といいますが、私たちは地域の人たちが充実した人生を送ることができるようにこの分野の教育にも力を注いでいます。

日本における生涯学習は、一九八〇年代後半から徐々に普及しました。自己啓発や生活の向上のために自発的に行い、必要に応じて自分に適している手段や方法を選択しながら生涯を通じて行う学習が生涯学習の定義になっています。その必要性は世の中がどんどん複雑化している近年ますます高まっています。

世の中は常に変化しているので、ある時期に取り入れた知識だけで一生を暮らすのは困難です。とくにいまは情報技術の世界の進歩がめざましく、この数十年をざっと振り返ってみるだけでも、新しい技術を使った情報端末機器が次々と登場しています。また、情報技術以外の様々な分野でも日進月歩の進歩が続いています。そうした変化に対応するために、自分が過去に獲得した知識や技能をヴァージョンアップしていくことが求められます。

こうした知識や技能のヴァージョンアップは、より良い仕事を行う上で不可欠になります。環境が大きく変わっている中で、従来の知識や技能だけで対応しようとすると、できることや活動の範囲がかぎられてしまいます。だからこそ変化に柔軟に対応することが大事です。何歳になろうと学ぶ姿勢を忘れず、必要なことを必要なときに学習して新たなスキルを身に付けながら自分自身が進化し続けていけば、目の前の道は大きく切り開けていくことでしょう。

ことにいまは終身雇用が主流だった頃とちがって、中高年になってから社内での立ち位置が不安定になって閑職に追いやられたり、リストラの対象になるケースが増えている時代です。社会へ出てから学習によっていま持っているスキルに磨きをかけたり、別の新たなスキルを身に付けることは、そうしたリスクの回避につながります。もちろん歳を取ってからでもできることを増やすのは、定年後の再就職においても選択肢を広げてくれるでしょう。

こうした学習は仕事だけでなく、毎日の生活をよりよくするためにも活用できます。これは老後も同じです。たとえば定年退職して余生をのんびり過ごしているリタイア組には、知識や技能のヴァージョンアップなど必要ないと思われるかもしれません。しかし、新しい知識や技能を獲得してそれを活用したほうが、できることの幅や活動の場が確実に広がるので、毎日の生活をより充実したものにできる可能性は格段に高くなります。

実際、いまの時代は老人であろうと、パソコンやスマートホンを活用してSNS（ソーシャル・ネットワーク・サービス）のようなものを利用すれば交流の幅を大きく広げることができます。もちろん、地域の人たちや友人との交流など、実生活の中で培った人間関係は大事なので、積極的に交流しながら大いに刺激を受けてください。それに加えて、趣味を通じてそれまでの人生で関わったことのない同世代や、ふつうに生活していたら関わることのない別の世代の人たちと交流する機会を得られたら、それまでとは違う刺激を受けることができるでしょう。何歳になろうと目標を持って積極的に学習することは、このようにより良い人生を送ることにつながる素晴らしいことなのです。

また、長い人生の中で、自分自身や家族が病気やなんらかのトラブルに巻き込まれることは十分に考えられることです。そういうときに独学であったり教育機関を利用して解決手段を学ぶことができるのが学習の力です。社会に出てからの学習は、子どもの頃に経験した学校のときとちがって、必ずしも形や中身にこだわる必要はありません。目的は試験で合格点を取ることでなく、人生をよりよくすることですから、苦痛を感じることなく、むしろ楽しみながら必要なことを必要なときに学べばいいのです。そして最新のデジタル技術なども取り入れることで教育プログラムをさらに充実させながらそのお手伝いすることが、教育事業を柱にしている私たちの役割であると考えています。

第5章

私たちが目指している「まちづくり」

実践的人づくりを推進

ＮＳＧグループが取り組んでいる地方創生のための活動、すなわち「まちづくり」について述べます。これは私たちが目標にしている、人々の幸福と豊かさを実現するためのものので、本書の最初に示したように「人づくり」を柱にして、地域の「安心づくり」「仕事づくり」「魅力づくり」といったものを進めています。

幸福と豊かさの実現において一番大事なことはもちろん、その人自身がそのような状態に至ることです。ただし実際には、自分一人の力だけで達成するのはなかなか難しく、環境やサポートの有無など外的要因に大きく左右されます。それならまずは、その人が実際に活動する場になる地域の発展、つまり地方創生を進めて多くの人が幸福と豊かさを実現しやすい環境をつくっていこうというのが、私たちが取り組んでいる「まちづくり」の目的です。

　このように足元の土台をしっかりと築いて、最も身近な地域社会から、日本全国、世界へというように幸福と豊かさを広げていきたいと考えています。「まちづくり」は最も身近な場所にその礎を築くためのもので、私たちにとって重要な活動になっています。

　NSGグループの主たる活動の場になっているのは地方都市の新潟なので、私たちの「まちづくり」は新潟を幸福と豊かさを実現できる場所にすることが大きな目標になっています。繰り返しになりますが、そのために「人づくり」を柱にして、「安心づくり」「仕事づくり」「魅力づくり」につながる様々な活動に取り組んでいます。

　具体的には、「人づくり」は主に教育関連事業、「安心づくり」は医療・介護・福祉・保育事業を通じて行っています。また「仕事づくり」は、新規事業の創造や既存事業のイノベーション、起業家支援、老舗企業をはじめとする既存の企業の再生や事業の継承など様々な形で進めています。さらに「魅力づくり」としては、地域密着型スポーツチームの運営をサポートしたり、お祭りや文化イベントの支援や、観光事業などを通じて地域の魅力の積極的な情報発信などを行っています。

　これらの活動を効果的なものにするには、時代や環境の変化に応じて戦略や戦術を変えることが不可欠です。常に見直しをすると成果を上げやすくなりますし、ある程度の成果を出してからも続けて行うことで、一過性ではなく継続的に効果を発揮することができます。ＳＤＧｓはその名前のとおり「サステナブル（Sustainable）」（持続可能）を重要なテーマにしていますが、私たちも以前から一過性で終わらない、継続的に効果が発揮される状態をつくることを目標に活動してきたことはすでに述べたとおりです。

そのような活動の中で学んだのは、チャレンジ精神を持ち続けることの大切さです。新しいことに挑戦するときはもちろん、一定の成果を上げた後も、チャレンジ精神を持ち続けることが大事であることを実体験を通じて大いに学びました。時代や環境はいつも変化しているので、現状に満足して挑戦することをやめてしまうと、せっかくつくり上げたモデルが徐々に適応しなくなり、やがては衰退の道に入っていきます。これはだれも避けることができない宿命のようなものですが、一定の成果が得られると挑戦を忘れて惰性で動く楽な道を選択しがちで、実際に多くの人がこの罠に陥っています。この罠の回避には、チャレンジ精神を持ち続けて挑戦し続けることが大切です。私たちはそのことを強く意識し、自分たちを鼓舞しながら日々奮闘しています。

もちろん目標を達成したり、その状態を維持するためには、心構えと同時に、しっかりとした戦略と戦術が必要です。そうしたことを含めて、私たちは教育を通じて伝えていますが、新たなことへの挑戦は知識として知っているだけで簡単にクリアできるほどあまいものではありません。一方で、実際に経験することが糧になるのはたしかで、人によって差はあるものの、何度か経験するうちにだんだんコツのようなものをつかむことができます。もちろんそのためには多くの経験が必要になるので、そのような場を数多くつくることも重要です。

これはいわば「実践的人づくり」です。そして私たちが取り組んでいるすべての事業は、この「実践的人づくり」の場になっていますが、この活動をいかに広げていくかが重要なテーマです。ちなみにこの「実践的人づくり」の主たる役割を担っているのは、地方創生の活動の中で「仕事づくり」として行っている、新規事業の創造や既存事業のイノベーション、起業家支援、老舗企業の再生などです。

私たちが目指している幸福と豊かさは、自らの意志で道を切り開くことができる人を数多く育成し、実際にそれぞれ地域で様々な挑戦を行うことで実現しやすくなります。そして繰り返しになりますが、こうした人財の育成を大きく進めるには、座学に加えてやはり実践の場が必要です。そのためにも「実践的人づくり」の場を今後もさらに充実させていくことが求められます。

精神的自立と経済的自立を柱に

この章のテーマである「まちづくり」は、本来は国や地方自治体が取り組むべき課題とされています。以前は「地域振興」、最近は「地方創生」と呼ばれている活動です。NSGグループは創業以来、こうした活動に積極的に取り組んできました。

公共性の高い事業に、民間の立場で主体的かつ採算を合わせながら取り組むことで、地域の活性化や発展に寄与するというのが私たちのスタイルになっていますが、民間の企業がこうしたことに取り組んでいるのは非常に珍しいことのようで、希有な団体として見られることもしばしばです。私たちが地方創生の活動に積極的に取り組んでいるのは、それが私たちが活動している地域にとって必要なことだからです。

地方創生と地域振興は中身があまり変わりませんが、「まち・ひと・しごと創生法」の施行で国策として強く進めていくことが確認された二〇一四年頃から、地方創生という新しい言葉が使われるようになりました。日本の社会は以前から少子高齢化が進んでいましたが、最近はさらに顕著で、右肩上がりに人口が増加していた時代が終わっていまは徐々に人口が減少していくフェーズに入っています。とくに地方における人口減は深刻な問題になっていますが、加えて人口比率は高齢者が圧倒的に多く、社会活動の中心を担う若い世代が極めて少ないといういびつな状態になっています。この流れに歯止めをかけるべく、国を挙げて力を注いでいるのが地方創生です。

具体的には、人口の減少を止めると同時に、東京圏への人口の過度の集中を是正して、それぞれの地域で住み良い環境を確保することで将来にわたって活力ある日本社会を維持していくことが目標とされています。

ＮＳＧグループは、地方創生が国策として進められる以前から、地域に住みやすい環境をつくる「まちづくり」の活動に力を注いできました。この活動の中で私たちが身をもって学んできたのは「自立」の重要性です。これには大きく「精神的な自立」と「経済的な自立」の二つがあります。

当たり前のことを言っているように聞こえるかもしれませんが、二つの重要性を強調している理由は、明治以降の日本における大都市と地方の役割分担について知るとわかりやすいかもしれません。明治維新以降、日本は東京や大阪、あるいはそれ以外のいくつかの大都市に資本や資源を集中させて産業を発展させてきました。これが経済発展のための戦略の中身で、大都市以外の地域、すなわち地方は、食料やエネルギー、働き手となる人たちなどを提供することが主な役割になっていました。日本の経済の急激な発展は、地方で生産された食料で腹を満たし、さらには地方にある水力・火力・原子力発電所などから多くのエネルギーの供給を受け、地方の多くの人たちが労働力になることで成り立っていたのです。

時代が変わって、いまはその頃とかなり状況が変わってきました。一方で大都市と地方の関係性はさほど変わらず、それが大きな経済格差を生んでいます。一部の地域に資本や資源を集中させるのはそもそもバランスに欠けますが、もちろんそれは日本全体が豊かになったいまだからいえることです。草創期には大胆な政策が必要で、これが奏功して日本の経済は大きく発展することができたのは確かです。実際、明治の頃には先行する欧米を猛追し、戦後は高度経済成長を実現して、世界有数の経済大国にまで成長することができたのですから、当時のモデルはまさしく大いに機能していました。

このような経済発展のモデルが機能していた時代は、大都市とはちがって形は限定的だったものの、地方にもその恩恵が及んでいました。イノベーションの中心にいた大都市が大きく発展する一方で、地方も経済発展の果実を得ることができたのです。この時代に地方経済を潤わせていたのは、経済発展の利益によって行われた公共事業です。官公庁などの公的機関の庁舎・学校・公民館・博物館・テーマパークといったいわゆる箱物の施設や、道路や港、空港やダムなどインフラをつくる土木事業などによって、地方の経済もまた潤っていました。また好景気に支えられて国内の消費も活発化していたので製造業をはじめとする国内の大企業の業績も好調で、その製造工場を地方につくることで地域の下請け企業の発展や雇用の拡大も図られました。

しかし右肩上がりに成長していた時代が終わると大きく変わりました。状況が大きく変化する中で、国は多額の公費を注いで経済を支えてきましたが、その結果、多額の借金を抱えるようになり、財政危機の中でいまは地方の公共事業も全盛期に比べて半減しています。一方、グローバル化の流れの中で大企業の製造工場は国内のものを閉鎖して、より大きな海外の市場に近い上に、製造コストを安く抑えることができる海外に移転したり新設するケースが増えています。これらが地方の経済を困難にした主な原因で、要するに従来機能していたモデルが経済環境が大きく変化する中でうまく回らなくなってしまったのです。加えて近年は、グローバル化の中で新たに構築された流通が国際情勢に翻弄される形で分断されることも起こっていて、その負の影響が地方にまで及ぶケースが増えているため本当にたいへんな状況になっています。

地方がこの状況を打開するためには、従来型からの脱却を進めていくことが求められています。すべてを一気に変えるのは難しいので、国からの支援を利用して経済に活気を与える一方で、その地域ならではの特性を活かしながら新たな産業を興したり、以前からあるものを利用しながらイノベーションを起こすなどして自力で経済を強化していくのが現実的な方法です。いずれも以前から取り組んできたことですが、いまは後者をとくに強化して比重を高めていくことが求められています。もちろん世界情勢の変化の負の影響を少なくすることも重要で、そのための対策も講じて実現していくことも必要です。

NSGグループはこれまで後者の実現、すなわち事業創造などによるイノベーションによって状況を好転させることに力を注いできました。そうした活動を通じて、後者を進めるためには「自立」が大事だということを学びました。これには「精神的自立」と「経済的自立」の二つがあります。

国が進める地方経済の活性化策は、あらかじめ用意されたメニューから選択する形で行うのが一般的です。これは手厚い経済的な支援を受けることができる一方で、行動が制約されるというデメリットがあります。こういう制度があるのはありがたいことで、目的に合っているなら積極的に使うべきです。しかしそもそも多くの場合、制度そのものがその地域ごとの細かな事情を考慮してつくられていないので、全面的に頼ることはせず、「利用する」という発想で活用するのが大事です。何かを成し遂げるときに最も重要な計画や立案はあくまで自らが行い、実行の手助けとして利用できるものは利用すべきということで、これが精神的自立の意味です。

もちろん理想は、精神的自立と同時に、経済的にも自立した状態で臨むことです。新しいことに挑むのは何かとコストがかかるので、自分一人の力ではできることには限りがあります。だれかから経済的な支援を受けたほうが当然、進めやすくなりますが、無条件で手助けが受けられることは少なく、様々な制約が課されるのが常です。その制約が成功に至るプロセスになるならともかく、挑戦の足かせになることも多いので、精神的自立と同時に、経済的にも自立した状態が理想になるということです。

この二つの自立を実現するのはなかなか困難です。精神的自立はその人の心がけ次第でなんとかすることができますが、経済的自立のほうはそうはいきません。新しいことを始めるには資金が必要ですが、よほど経済的に豊かでないとすべて自己資金でまかなうことはできません。たいていの場合は支援を仰ぐことになりますが、その場合、支援者がだれであれ「金は出すけど口は一切出さない」ということはないので、一切の制約なしに新しいことに挑むのは現実的にほぼ不可能です。

もちろんこの制約の中には、成功への強力な後押しになるものもあります。一方で妨げになっているものもありますが、後者で問題になるのは挑戦者の意図や状況などを一切考慮しない場合です。こういう制約は、杓子定規に押しつけられることで、挑戦を妨げる足かせになることが多いのです。これは裏を返せば、支援する側が挑戦者の意図や状況を理解してサポートすると、挑戦が進めやすくなるということですから、貴重な知恵として活かすことができたら未来を切り開きやすくなります。

NSGグループは地方自治体と協力したり、地域の有力企業から出資を募って、新しいことへの挑戦を支援するための各種ファンドの創設と運営に力を注いできました。最近でこそ起業や新規事業を意味する「スタートアップ」という言葉をよく見聞きするようになりましたが、これらを支援する役割を担うファンドへの理解は、以前はほとんどありませんでした。そんな中で私たちは、行政や地域の有力企業に意義を伝えながら支援の輪を広げてきました。その甲斐あって地域における起業や新規事業のサポート体制は徐々に充実してきましたが、これらは地域の精神的自立と経済的自立の促進につながっていると感じています。私たちが関わっているファンドには、地域の事情や挑戦者の意図や状況をよく知る人たちが権限を持って関わっています。その点でも支援をより効果的なものにすることができているように思います。

地域に循環型社会をつくる

ＮＳＧグループが進めるまちづくりの活動には、目標としている理想の姿があります。それは人々が豊かさを感じることができる、循環型の社会を地域に築くことです。ここでいう循環型の社会というのは、人々が生活していく上で必要になるものの多くを地域で供給できる、地産地消が充実している社会のことです。

人が生活していくためには多くの物やサービスが必要になります。食品や衣料品など日常的に使うものはもちろんですが、加えて多種多様な嗜好品やそれらを提供するサービスも必要です。それら地域で必要としているものをほぼすべて地域で提供できるようにすることが私たちが目指している理想的な姿です。現実的には難しい面があるものの、このように地産地消できるものが拡大すればするほど、地域を世界の景気や動向、災害の影響などの外的要因に左右されない強い社会にすることができます。

循環型社会の実現には、物やサービス以外に環境やインフラなども重要な要素になります。たとえば電気やガス、水道などの生活インフラは、私たちの生活に欠かせないものです。加えて社会インフラが充実していると、快適な生活を送ることができます。学校や会社であったり、買い物などに行く場合、移動手段が必要になります。目的地までの距離が遠ければ徒歩や自転車ではたいへんなので、整備された道路を使って自家用車で快適に移動できたり、バスや電車などの公共交通機関を利用してより手軽に移動できたら便利です。また医療や福祉サービスなどの充実も、安心しながら生活するために欠かせないものです。

私たちが目指している循環型社会の究極の姿は、このように生活に必要な物やサービス、そして快適な環境などを地域でつくり出す、ほぼすべてのものが地産地消されている状態です。日常生活を送る上で大切な必要な食糧はもちろん、それ以外に必要な物やサービスも対象になります。さらには電気や暖房用の燃料などのエネルギー、または雇用の地産地消も視野に入れています。このように生きていく上で必要なものはもちろん、生活を充実させるために必要な物やサービスが充実し、さらに多種多様な仕事の中から自分の好きなものを選択できる状態を地域につくることは大いに意義のあることです。

ものによっては地域の需要以上に生産していたり、逆にすべて完璧に揃えるのが難しいものもあります。そういう場合は地域の特産品として域外に出荷したり、足りないものは域外から供給を受ければいいのです。循環型社会の実現は地域を豊かにするのが目的です。域外とのやり取りは経済的な豊かさ、生活の豊かさの実現のために必要不可欠なことですから、どんな状況であれ積極的に行われるべきではないでしょうか。

もちろんどんなに充実した環境を整えても、中には大きな夢を持って地域の外に出ていく人はいます。それもまた豊かさの実現のために必要なことで、積極的に応援したいと考えています。その一方で地域を、そういう人が骨休めをしたいときにいつでも帰ってくることができる、あるいは終の棲家として余生を送りたくなる場所にしたいと考えています。

私たちが掲げる理想は、絵空事のようなものと思われるかもしれませんが、循環型の社会の実現を可能とする根拠はあります。地方はもともと農業や漁業などの第一次産業が盛んで、特産品として域外に出しているものも多々あります。一方で多種多様のものを提供するポテンシャルはあるので、食料の地産地消はそれほど難しくはありません。物やサービスの地産地消も、地域にないものを提供する事業を新たに創造することで充実させていくことができます。実際、私たちが進めてきた事業創造では、もともと地域にある需要をカバーして成立させ、成長している事業がいくつもあります。

エネルギーについては、化石燃料のない日本で地産地消を実現することに懐疑的な意見はありますが、じつは代替候補になる資源は地域にたくさんあります。里山にある森林がそれで、いまは手つかずで荒れ放題になっている場所もありますが、これらを継続的に活用するビジネスモデルを確立することで、エネルギーの自給率を高めていくことは十分可能です。これは同時に、環境整備や衰退している林業の活性化につながる、たいへん重要なテーマです。

循環型社会の実現は、このようにすでにあるものの有効利用がカギになります。これはいわゆるインフラも同じです。日本は国策で生活インフラや社会インフラの充実に取り組んできたお陰で、日本中のどこの地域でも一定のレベル以上の暮らしやすい状態がつくられています。大都市に比べると中身は見劣りするものの、地方にも学校、病院、道路、鉄道、上下水道、電気、ガス、電話など各種インフラがそれなりに整っています。地域によっては空港や港などが整備されていることもありますが、これらは地域と世界を直接つなぐルートになるものなのでたいへん貴重です。

地方のインフラ整備はこれまで「無駄遣い」と批判されることがありましたが、これはハード面の整備にばかり力を注いで、ソフト面、すなわちどう活用するかの検討がおろそかになっていたからです。私たちが進める事業創造の多くは民間レベルのものなので、できることには限りがあります。しかしこうしたインフラの活用方法を事業創造と組み合わせて提案することはできるので、やり方次第で未来の可能性をいくらでも広げていくことができます。

たとえばJリーグ所属のサッカークラブ、アルビレックス新潟は、前述のようにデンカビッグスワンスタジアムをホームスタジアムとして活動しています。このスタジアムは日韓の共同開催になった二〇〇二年のサッカーワールドカップのために建設されたものです。収容人員4万2300人のスタジアムは、地方の新設サッカークラブのホームスタジアムにするには不釣り合いなほど立派でした。しかしこのスタジアムを上手に利用したことで活動の輪が大きく広がり、アルビレックス新潟はその後、サポーターやサッカー選手を目指す人たちに大きな夢やチャンスを与える存在へと育っていきました。

せっかくつくったものを使わないのはそれこそが本当の無駄です。あるものはうまく使って地域経済の循環をうまくつくっていく方法を提案し、実現することができたら、それは地域にとって大きな利益になるでしょう。それこそが事業創造を柱にして民間レベルでの挑戦を続けている私たちの役割で、これからも地域の利益になるような様々な仕掛けを行っていければと考えています。

人の流れを変える

ＮＳＧグループが進めている「まちづくり」の活動は、人の流れを変えることを目標にしています。具体的には地域から人が出ていくことを少なくし、逆に地域外からの人の流入を増やすことを目指しています。

日本における人の動きは明治以降、「地方から大都市へ」というのが主流でした。この動きがとくに活発になったのは、著しい経済発展を遂げた戦後の高度経済成長期の頃です。主要な企業は東京などの大都市にあり、また高等教育機関なども大都市に数多くつくられていました。この状況はいまに至るまで続いているので、地方から大都市を目指す人の動きもまた、いまなお衰える気配がありません。新潟の場合も例に漏れず、若い世代の間でたくさんの人が県外に出ていっています。

その一方で、最近は進学や就職などの事情から地方を離れざるを得なかった人たちが、そのまま大都市に残らず地方に戻るケースが以前に比べて増えています。この点は従来と大きく異なります。

人の移動を表す言葉に、「Ｕターン」「Ｉターン」「Ｊターン」というのがあります。いずれも地図上における人が移動する様子を、アルファベットの文字の形になぞらえて名付けているものです。Ｕターンはある場所から別の場所に移動した人が再び元の場所に戻ること、Ｉターンは出身地とは別の場所に移り住むこと、Ｊターンは地方から大都市へ移住した人が生まれ故郷に近い地方の大都市や中核都市にまで戻って定住することをいいます。

近年活発になっているのは、いわゆる「ふるさと回帰」と呼ばれるＵターンの動きです。これは全国的な傾向のようです。加えて、Ｊターンであったり、もともと大都市に住んでいる人が地方を目指すＩターン志向の人も増えているようです。そのことは地方移住に関する各種のアンケート調査からうかがえます（どの調査でもおおよそ40パーセント近い人が地方への移住を考えたことがあるという結果が示されています）。

背景には、国を挙げて地方創生を後押ししていることや、コロナ禍で働き方が大きく変わったことなどが影響しているようです。地方の自治体は人口減少への対策として、安価で使うことができる住居の提供や各種補助金の給付などによって移住促進を進めています。また人々の働き方も変わり、最近はリモートワークが増えて、職種によっては毎日会社に出勤する必要がなくなっています。そんなことも後押しして、何かと生活上の制約が多い大都市での生活より、自然を身近に感じることができる環境で、家族との時間を増やしたり、あるいは健康維持のための活動をはじめ様々なことに取り組むなど、より充実した生活状況をつくりやすい地方都市での生活を望む人が出てきているようです。

実は地方から大都市への流出による人口減に悩まされてきた地方の自治体は、これまでも逆の流れをつくるための努力を行ってきました。これらはほとんどうまくいきませんでしたが、その際にネックになっていたのは、地方の環境整備の遅れでした。ふるさと回帰やIターンなどの潜在的需要はあるものの、地方には雇用が少なく、とくに希望する仕事に就きにくい状態だったのが難点になっていました。また生活環境の面でも、大都市に比べると劣っているので、その点が敬遠されてなかなか移住が進まないとされていました。

これは国の地域振興策のあり方にも原因がありました。かつて国が進めていた地方の雇用対策は、大企業の工場を誘致したり、土木事業を中心とする公共事業による支援が主流でした。地方創生を国策として進めている近年はシフトチェンジが進んでいるものの、単純に雇用を増やす方向にいきがちで、「魅力的な仕事」というニーズに応えることができていないようです。

大都市部から地方への移住を促進するには、やはり選択肢が広がるように地方で就くことができる職種を増やしたり、やりがいのある仕事や高収入が期待できる仕事を増やすことが求められています。ただし、それらを行うのは必ずしも国や地方自治体の役割ではありません。多くの人は行政が様々な施策を通じて行うべきものと考えているようですが、私たちの考え方はその点が大きく異なります。

行政が関与したほうが活動規模や力は大きくなりますが、一番大事な部分は他力でなく自力で行うべきです。やりがいのある、高収入が望める仕事が必要というなら、そういうものをだれかがつくってくれるのを期待するのではなく、自分自身で動いてつくればいいのです。それが可能になるのが事業創造で、私たちは自らも数々の事業創造を行いつつ、同時に多くの人たちのチャレンジのサポートを行っています。

そもそもだれかが「お膳立てをしてくれたらその流れに乗ってもいい」という姿勢では、望むような人生を送るのは難しくなります。とくに地方での生活は大都市に比べて不便な点が多く、他力を期待していたらいつまで経っても解決しないかもしれません。そういう場合は、自力で解決の方向に動き出したほうがうまくいきやすくなります。実際には自分一人の力で解決するのが困難な課題であったとしても、熱意に動かされたまわりの協力によって状況が大きく変わるかもしれません。

このように自分自身で道を切り開いたり、あるいはまわりと協力しながら新しいことに挑戦する意欲を持っている人たちは、地方創生の担い手としても大いに期待できます。私たちが人づくりの活動で目指しているのも、まさしくそうしたタイプの人の育成です。そのために知識や技術だけでなく、実践行動学のような人間力を養う教育プログラムを用意し、また意欲を持って事業創造に挑戦する人たちを後押しする体制を整備しています。こうしたものを上手に利用されて、多くの人が自らの手で人生を切り開いていかれることを願っています。

地域で進めるべきプラス思考の事業創造

ＮＳＧグループが地域で進めている事業創造の特徴について述べます。一言でいうと、これはプラス思考の事業創造といえます。

国や地方自治体が行う従来の地域振興策には、困っている地方のまち、弱い地方のまちを「助ける」といったイメージがありました。そしてそのことが「地方は支援によって成り立っている」という後ろ向きの見方に結び付いていたように思います。このイメージはともすれば地方創生の活動を後ろ向きなものにさせかねません。そのようなマイナス思考に陥ることなく、地域の利益になるまちづくりを強力に進めていくのが、私たちが取り組んでいるプラス思考の事業創造です。

もともと事業創造は、未来を明るいものに変えることができる、大きな可能性を秘めたものです。これは地方創生のためのものでもあり、前向きなプラス思考で取り組むのが自然です。新しいことに挑戦するとき、後ろ向きなイメージを持ったり、マイナス思考をするとろくなことがありません。慎重さは大事ですが、状況をしっかりと把握しつつ、より良い結果を導くために前向きに取り組んだほうがうまくいきやすくなるというものです。

事業創造というと、従来は大都市のほうが地方より圧倒的に行いやすいというイメージがありました。しかし近年は状況が大きく変わり、地方における事業創造の可能性が大きく広がっています。大都市優位と考えられていたのは、大企業や高等教育機関が多く、各種の研究が進んでいて、多彩なスキルを有している人だけでなく特殊なスキルを有している人でも比較的簡単に集めることができるのが大きな強みになっていたからです。また資金も豊富で、いわゆるヒト・モノ・カネ・情報などの経営資源が集中していることから、事業創造のような新たなことへの挑戦は、大都市で行うのが当たり前のように考えられていました。

しかしいまは環境が大きく変わり、パソコンやインターネット、流通網などの普及によって、事業創造の地域差はかなり小さくなっています。実際、かつては大都市に行かなければできなかった仕事の多くは、いまは地方に居ながらにしてできるようになっています。また、こうした新たな技術と、以前からある産業を組み合わせることで、地方でも魅力的な新しい事業を創造することが可能になっています。以前に比べると事業創造の場所としての地方の可能性は確実に高まっているのです。

近年は農林水産業の六次産業化で、地方でも新しいビジネスが次々と生まれています。六次産業化というのは、地域社会に基盤を置いた第一次産業である農林水産業が生産だけにとどまらずに、生産物を原材料とした加工食品の製造・販売、あるいは観光農園のような資源を活かしたサービスを提供するなどして、第二次産業や第三次産業にまで踏み込んでいくことをいいます。いわば農林水産業のサービス産業化です。

地方の農林水産業は一時期、斜陽産業のように扱われていましたが、それがやり方次第で、一転して宝の山に変わる可能性が出てきています。もともと地方では、それぞれ異なるものを生産し、その地域ならではの特産品としているケースが多々ありました。これらを新たな事業の創造に利用することができるのは、多様性のある地方ならではの強みです。私たちが進めているプラス思考の事業創造はこのように、単なる精神論のようなものではない、実現を後押しするこのような裏付けに基づくものなのです。

最近ではＩｏＴを活用することで新たな事業を模索する動きなどが地方でも活発化しているようですが、実際にそこから新しい付加価値が生まれています。ＩｏＴは Internet of Things の略で、パソコンや携帯電話に限らず、自動車やテレビ、あるいは生産設備など様々なものがインターネットでつながっている状態を指します。このネットワークの中では、機械同士が情報交換をしたり、センサーによって相互制御をするなどやり取りを常に行っていますが、こうした仕組みは、工場の生産設備に限らず、いまでは農業や漁業の現場などでも使われています。それはつまりこれらの場所が、膨大なデータ（ビッグデータ）から新しい付加価値を生み出すイノベーションの場所になっているということです。

もちろん地方にはもともと高等教育を扱う機関が少なく、最新技術の情報や特殊なスキルを有している人財などが大都市に比べて不足しているといった問題はまだまだ残っています。こうした問題を解消して、地域におけるプラス思考の事業創造を活発化させていくのは、まさしく人づくりを柱にしている私たちに期待されていることです。地域で数多くのイノベーションが出てくるように、高度な知識はもちろん、新たな産業を生み出すイノベーターとしての能力を備えたスペシャリスト、それを事業化できるリーダー、そして彼らを支えるサポーターとしての能力を有する人の育成はやはり大きなテーマです。

満足度を高めるための取り組み

ＮＳＧグループが力を注いでいる安心・安全づくりの意味について、ここで改めて考えてみたいと思います。これもまちづくりを行う上で重要なテーマになるものです。

一般的に、まちづくりではその地域の魅力を高めることに力が注がれています。魅力がある場所には多くの人が集まるからです。ただし魅力というのは、人や時期によって引きつけられる中身が大きく変わってきます。目指すべき方向性をどうするかを決めるのは、なかなか難しいようです。

たとえば利便性が高く、安心、安全に住むことができる環境に魅力を感じる人もいるし、そういうものには多少目をつぶってでも豊かな自然に大きな魅力を感じる人もいます。子育てをしている時期は、子どもが通う学校が提供する教育の質であったり、通学手段や学校までの距離が気になるものです。夢中になっている趣味がある人は、取り組みやすい環境があるかが大事な要素になるでしょう。また年を取って体が動かなくなってくると、病院や介護施設などの有無やアクセスが魅力を感じる大事な要素になったりするものです。

このように人が地域に求めるものは、立場や好みによって大きく異なります。その点を考えると、すべての人が満足できる最高の状態をつくるのは不可能なのかもしれません。一方で、視点を大きく変えてみると、こうした取り組みでは不満を感じる機会を少なくすることも重要になることに気づきます。人々が安心かつ安全に生きていくことができる状態で、そのような暮らしが当たり前にできるようにすることは、実は地域の魅力づくりの第一歩になる大切なものではないでしょうか。

ＮＳＧグループが進めている地域の安全・安心づくりは、こうした考えに基づくものです。この役割を主に担っているのは、医療・介護・福祉・保育事業です。これらの事業に長年取り組んできて感じるのは、大都市と地方の格差に関する誤った認識があることです。

一般的には、大都市のほうが地方に比べて社会インフラが充実しているように思われていますが、実際には分野によって地方のほうがより優れた環境になるものもあります。たとえば介護や保育がそうです。

介護環境でいうと、大都市は人口が集中している分、高齢者の数が年々増加していますが、利用希望者が急増していることで受け皿となる介護施設が不足しています。新たに施設をつくろうにも土地の確保が難しく、なかなか進まないことで必要なサービスを受けることができない、いわゆる介護難民が増えているとされています。一方の保育環境に関しても、大都市では増加する保育需要に対応できず、いわゆる待機児童の問題がいまだに解決できていません。いずれも利用希望者が多く、需要が供給を上回っていることが原因ですが、これでは安全かつ安心な環境が充実しているとはいえません。

実はこうした問題は大都市特有のもののようで、地方ではほとんど聞きません。需要と供給のバランスが取れているからですが、加えてコミュニティの質のちがいも大きく関係しているように思います。

たとえば地方のまちで待機児童の問題が起こりにくいのは、保育所や学童保育施設が充実しているからだけではなく、仮に施設が不足していたとしても、それを補う機能が働きやすいコミュニティであることも大きな要因としてあります。近年は地方でも親子三世代が同居している大家族が減っていますが、大都市とちがって子育てを行っている世代の両親が比較的近くに住んでいたりします。彼らは高齢であくせく働く必要がなくなっているので、子育てで困ったときには手を借りることができるわけです。

このコミュニティ力はもちろん、お年寄りの介護においても力を発揮しています。隣近所の付き合いがあり、日常生活の中で見守り合っているので、一時期大都市で大きな問題になった高齢者の孤独死のような問題を発生しにくくしています。これは子育て環境だけでなく、介護も含む老後の生活環境も充実しているということですから、大都市から地方への移住の促進に結び付けるために知恵を絞っていかなければいけないと考えています。

ちなみに地方に子育て世代にとってより良い環境が整っていることは、統計上の数字にも表れています。人口統計上の指標に、一人の女性が一生に産む子どもの平均数を示した「合計特殊出生率」というものがあります。異なる時代の出生による人口の自然増減を比較・評価することができるとされている指標です。日本における合計特殊出生率は「第二次ベビーブーム」といわれる一九七四年から減少傾向でしたが、二〇〇〇年代に入ってようやく下げ止まり、二〇〇六年からはやや増加に転じています。直近の二〇二一年の数字を都道府県別に見ると、最も高いのは沖縄県の1・80です。次いで鹿児島県1・65、宮崎県1・64、島根県1・62、長崎県1・60というように、上位には地方の県が並んでいます。一方、最下位は東京都の1・08です。次いで東北一の大都市・仙台市のある宮城県が1・15、北の大都市・札幌市のある北海道が1・20と続いています。ちなみに下位には、京都府、神奈川県、埼玉県、千葉県、大阪府など、やはり日本を代表する大都市のある都道府県が名を連ねています。

合計特殊出生率の比較から総じて言えるのは、大都市は低く、地方は高い傾向があることです。そこから単純に導き出せるのは、子育ては大都市より地方のほうが行いやすくなっているという実態です。これは子育て環境が充実しているのも大きな要因で、結果的におしなべて地方のほうが大都市圏より合計特殊出生率が高いことにつながっているということではないでしょうか。

こうした子育て環境の充実は、人口の変動に大きな影響を与える重要な要素になり得るものです。日本の人口は、右肩上がりに増加してきた時代が終わって、徐々に減少していると言いました。この流れは今後どんどん加速するとみられているので、これを食い止めるために少子化対策を強力に進めることが求められています。地方の子育て環境の良さは、その際に大きな武器になるので、ＮＳＧグループとしてもより充実させていけるように積極的に取り組んでいくことで、少子化対策に大きく貢献できればと思います。

住みたいまちにするための誇りづくり

ＮＳＧグループが進めるまちづくりでは、地域の「誇りづくり」にも力を注いでいます。なぜそのようなことに取り組んでいるのかについて述べます。

人の移動はその場所への期待や思い入れに左右されます。積極的に動こうとする人には必ず強い動機になるものがあります。代表的なものは進学や就職で、それ以外に地域の環境や文化などが移動の決め手になることがあります。また地域への思い入れ、すなわち「好きな場所」であるとか「誇りを感じられる場所」であることが、移住であったり住み続ける強い動機になることもあるようです。

地方では進学や就職を機に、若い世代の多くが地域を離れていく現実があります。これはもちろんその人の夢の追求のために必要不可欠なことでしょうから、積極的に応援したいと考えています。その一方で、いずれどこかのタイミングで地域へ戻ってもらいたいという思いもあります。いわゆるUターンですが、加えてJターンやIターンを促進するために、まちづくりの活動では魅力づくりの一環として、誇りづくりが大事になると考えています。

この誇りづくりでは、「郷土愛」や「地域愛」といったものが重要なポイントになります。前者は故郷など生まれ育った場所、後者は故郷ではないものの就学や就業などによって長く暮らしている場所などで培われる、その土地や環境、人々や文化などをなんとなく好ましく感じる思いです。

人は心のどこかで必ず故郷や生活している地域のことを気にかけています。よその場所で様々なものに触れたときなど、無意識のうちになんでも故郷や自分の住んでいる地域と比較して、優れている点が確認できたときにそれを素直に喜んだりします。この背景にあるのが郷土愛や地域愛です。

郷土愛や地域愛の程度は人によってかなり差があります。ずっと生まれ育った地域に住み続けていて「ここが大好き」という人もいれば、生まれた直後に別の地域に引っ越して、生まれた場所に特別な思いをまったく持っていない人もいます。もちろん後者の場合でも、その後に移り住んだ、育った場所、あるいは長く住んだ場所に特別な思いを強く抱いていたりすることがあります。

こういうものをふだんはあまり意識していない人は、「自分にはそういう感情は一切ない」と思うかもしれません。そういう人でも、ふとしたことで刺激を受けて故郷のことを思い出したり、縁のある場所に思いを馳せたりすることはよくあります。故郷や地域のことが話題になると気になったり、つい肩入れしたくなるのも、郷土愛や地域愛の力です。たまたま観た高校野球の中継で、自分と縁のある地域や都道府県の出場校が試合をしていると、つい応援しているというのがそれです。

人は無意識のうちに、自分の居場所を確認できたり、英気を養える場を求めています。故郷や縁のある地域に関係するものに触れたときに心が揺さぶられるのは、自分のルーツが確認できるからでしょう。あるいは故郷とのつながりや、地域の人たちとのつながりを強く感じているのかもしれません。いずれにしても郷土愛や地域愛を思い起こさせるものを通じて、アイデンティティ、すなわち自分は何者かの確認を行っているということだと思います。

そして地域の誇りづくりは、こうした思いをより強く感じることができる機会を増やすことにつながります。それはその人自身の心の安定はもちろん、地域の利益にもなることです。地域への強い思いは、地域への応援やそのための行動につながります。そのため私たちは、多くの人が郷土愛や地域愛を強く感じる機会を増やすことにつながる、誇りづくりの活動に力を注いでいるのです。

ちなみに郷土愛や地域愛を強く感じる瞬間には、大きく分けて二つのパターンがあるようです。一つは行事などに参加して、地域の人たちと一緒に何かを成し遂げたときです。もう一つは、自分は直接的に参加していないものの、心が強く揺さぶられるような地域とのつながりを感じられるものを見聞きしたときです。

前者の代表的な例はお祭りです。昔はどこの地域にも必ず「地域のお祭り」がありました。古くからあるお祭りは一種の宗教行事で、感謝や祈り、あるいは慰霊のために神仏や祖先をまつる儀式としての目的があります。内容は千差万別ですが、たいていのお祭りは地域の人たちが一緒になって取り組むことで一体感を得る場になっていました。最近は地域コミュニティの活動が停滞していることもあり、地域のお祭りが行いにくくなっていますが、私たちは地域の活動や地域の文化活動などのサポートにも力を注ぐことで、人々が地域とのつながりを強く感じることができる機会を増やしていくことを心がけています。

一方で、行事への参加など実体験を必要としない感じ方もあるようです。こちらは、地域を象徴するチームが出ている高校野球や高校サッカー、あるいはプロ野球やプロサッカーなどの試合の観戦がそうです。スポーツ観戦を通じて郷土愛や地域愛が強く感じられる機会は、かつては高校野球くらいしかありませんでしたが、いまはサッカークラブやバスケットボールチームなど、地域密着で活動するプロスポーツチームが増えています。新潟にもサッカークラブのアルビレックス新潟以外に、女子サッカー、野球、男女のバスケットボール、チアリーディング、スキー・スノーボード、陸上など地域密着の活動をしているスポーツチームがたくさんあります。

これらはすべて「アルビレックス」の名前を冠して活動し、地域の誇りとして郷土愛や地域愛を感じさせる機会を提供しています。ＮＳＧグループはこれらが安定的に活動できるように、運営に直接関わることもあれば、経済的にサポートする人々や企業との橋渡しを行ったり、自らもスポンサーになることもあったり、様々な形で支援を行っています。

これらは地域の利益になると確信して積極的に取り組んできましたが、これは一定の成果を上げることができているように感じています。

スポーツビジネスによる挑戦

ＮＳＧグループは多くのスポーツビジネスを手がけていますが、その理由について述べます。

その前に日本の各種スポーツチームの活動事情について簡単に触れておきます。日本におけるスポーツの支援は、かつて大企業が大きな役割を果たしていました。プロスポーツだけでなくアマチュアスポーツにも多くの実業団チームがあり、活動をサポートしていました。いまでも企業がスポーツチームの活動を支えているケースはありますが、最近では一社で行っているケースがどんどん減っています。

これはある意味、必然なのかもしれません。経済合理性の追求を最優先する企業による支援は、本業の業績によって活動が大きく制約を受けます。業績が良ければ手厚い支援が期待できるものの、悪化すれば活動が停滞し、最悪の場合、活動がストップしてしまう危険があるのです。実際、活動を支えていた企業の業績悪化で、その世界で名門といわれていたようなチームが消滅することがこれまでも何度かありました。

そんなこともあって、いまは支援の形が様変わりし、地域密着で活動するスポーツチームを地域の企業や人々が連携して支えるケースが増えています。背景には地域密着で運営を安定化させているサッカーのJリーグの成功があります。これに触発されて、最近はバスケットボールやラグビーなど、多くのスポーツチームが地域に根を下ろして活動を行っています。野球の世界にも、人気の高い日本のプロ野球リーグとは別に、多くの地域密着のプロチームがあります。

地域密着のスポーツチームは、地域の魅力を高めたり、誇りになる存在になるので、うまく育っていけば地域に多くの利益を与えてくれます。地域のスポーツチームは郷土愛や地域愛を呼び起こし、一体感が得られる貴重な機会を提供してくれるのです。

チームの運営を成功させるには、大口のスポンサーに頼らず、地域が一丸となって応援する体制づくりがポイントになります。メリットを享受するためには、経営を安定させて継続的に活動できるようにしなければなりません。これはたいへんなことで、現実には大口のスポンサーがいない分、資金繰りに苦慮しているチームは多いようです。

理想は支援の輪を広げて、地域や地域と縁のある人々や企業が少しずつお金を出し合いながら運営を支える状態です。これならかつての実業団チームとちがって、活動が一社の業績に大きく左右されにくくなります。しかしチームへの思い入れは、人や企業によって大きく異なるので、支援の輪を広げるのは簡単ではありません。これは私自身、サッカークラブのアルビレックス新潟の経営に直接関わる中で痛感させられました。

アルビレックス新潟がJリーグに加盟したのは一九九九年ですが、当時の新潟には、スポーツ観戦で盛り上がる文化がありませんでした。そんな状況の中での新たな試みだったので、クラブの運営は苦戦の連続でした。それでも地域の利益になる価値あることと信じて奮闘し続けた結果、多くの人に愛され、支援していただけるようになりました。もちろんこれで終わりでなく、目標はアルビレックス新潟が地域の宝としてこれからも輝き続けることですから、この挑戦はいまも続いています。これはもちろん、サッカークラブ以外のどのアルビレックスも同じです。

こうした地域密着のスポーツチームの運営や支援には、実はもう一つ「夢の実現の場を提供する」という目的があります。地域のスポーツチームは、多くの人にとって応援の対象かもしれませんが、実際にその競技に取り組んでいる人にとっては活動の場でもあります。身近なところに目標となるものや目指すべき場所があるのは素晴らしいことで、大いに刺激を受けてレベルアップに励むことができます。

実際、様々なアルビレックスができてから、目の前で行われている高レベルのパフォーマンスに刺激を受けて、プロ選手になることを目指す人がどんどん出てきています。これは地域はもちろんですが、県外や海外からやってくる人もいます。さらにはアルビレックスでの活躍にとどまらず、それを足がかりにして、よりレベルの高い海外や国外のリーグ、大会で活動する人も出てきています。新潟がスポーツ不毛の地といわれていた時代には考えられないことが、アルビレックスができたことで次々と起こっているのです。

成功者やヒーローが現れると、それに刺激を受けて同じように高みを目指す人が出てきます。こうした流れができると地域に活気が生まれます。これはスポーツだけでなくビジネスの世界も同じです。私たちは地域密着のスポーツだけでなく、地域発のベンチャー企業の支援にも力を注いでいます。その中で期待しているのは突出した成功やヒーローが出てくることです。それらがいい意味での刺激になり、追随する動きが次々と出てくるようになれば、地域が大いに元気になるでしょう。私たちはそんなことを期待しながら数々の活動に取り組んでいます。

NSGモデルの発信

ＮＳＧグループが進めるまちづくりは多様性を重視しています。私たちは地域で成果を上げた活動を参考モデルとして国内の他の地域や海外に発信する努力を行ってきましたが、このモデルを画一的なものとして扱っていません。それぞれの地域にはそれぞれの特徴があります。もともと環境や条件が異なるのですから、期待した効果を上げるためには、他で成果を上げているモデルの柱となる部分を大事にしつつ、その地域なりの特徴などを考慮した運用を行うべきと考えています。

前述のように国連が掲げている世界の目標、ＳＤＧｓは、こうした多様性の視点を重視したものになっています。これはそれ以前のＭＤＧｓが、画一的な方法での運用を行い、地域によって成果が上げにくかったことを考慮して示された方針であるという話をしました。環境や条件が異なる様々な場所で、画一的な方法を駆使すると、地域によって成果に差が出てきます。効果をより大きなものにするには、それぞれの地域の特徴に注目して、柱になる部分は守りつつ、それぞれに合った方法で取り組むのは当然ではないでしょうか。

実はかつて国が進めていた地域振興策にも同様の問題がありました。日本は島国なので大きく異なる文化を持つ海外との交流が少なく、国内の各地域は文化面などでは同質性が高いのは確かです。そのお陰で画一的な政策による成果が上がりやすかったようですが、環境面などでは地域差があるので、隅々まで成果が行き届くことはありませんでした。とくに地域差が大きくなっている近年はこの傾向が顕著で、画一的政策で全国隅々までカバーすることは難しくなっています。実際、日本の経済を復活させた経済政策、いわゆるアベノミクスの効果は、全国隅々どころか、地方の中核都市にさえあまり及んでいないケースがありました。

地方創生を画一的な政策で行うのはやはり無理があります。他で成果を上げているモデルがうまくはまれば成果が上がりますが、そうでない場合はせっかくの政策が意味のない無駄なものになってしまいかねません。かつてはある場所で成果を上げているモデルをそのまま利用することで一定の成果が得られることがありましたが、いまはそういう時代ではありません。地域ごとの環境や条件は大きく異なることもあるのに加えて、人々の好みや関心も多様化しています。そんな中で地域の創生を進めるためには、モデルはもちろん、その柱になる部分がどういうもので、それに付随してどのような考え方でどのように取り組んでいるかを理解することが大事です。それがあれば環境や条件が異なる多様な地域であっても、アレンジしながら利用することができるでしょう。

私たちは地域で成果を上げているモデルを「NSGモデル」として地域外や海外に積極的に発信しています。その際に心がけているのが、いまあげたことです。実例と同時に、ベースにある考え方や取り組み方など、実際に参考になる手本として活用するときに必要になる情報を惜しみなく発信することを心がけています。

もともと全国のまちには、それぞれ多種多様な特性や文化があります。画一的な方法ではそういうものをあまり考慮してきませんでしたが、むしろ積極的に取り入れたほうが個性的かつ独自性の高い、ユニークなものをつくりやすくなります。それはだれもが簡単にできるようなものではないものの、参考にできる手本があれば進めやすくなります。その際に必要なマニュアルは、モデルそのものではなく、それらを構成している重要な要素であったり、つくり上げていく上で必要になる取り組み方や考え方です。

危機感が高まっていることもあって、最近はイノベーションにつながる動きが全国の各地域で見られます。これらの活動をさらに活発化させるためにも、よその取り組みに刺激と勇気をもらいつつ、大切な要素を取り込んでいきながらその地域なりの独自の創生策を進められる状態をつくることが大事です。

こうした新しいことへの挑戦が盛んになると、地域に活気が生まれます。この挑戦の担い手の中心になるべきはもちろん、意欲と行動力のある若い世代です。彼らを取り込んでいきながら、人々が生き生きと動くことができる地域にしていくことができたら、未来の可能性はどんどん広がっていくことでしょう。私たちはそうした状態をつくるべく地域で奮闘し、私たちの取り組みから得られた知見をこれからも積極的に発信していきたいと考えています。

第6章

私たちが考える社会貢献

「人づくり」で地域を変える

最後の章では、ＮＳＧグループが果たすべき社会貢献のあり方について述べます。私たちが目指している幸福や豊かさをいかに実現するかということです。後に詳しく触れますが、これには大きく、直接的な役割と間接的な役割の二つの果たし方があります。

まずは直接的な役割の果たし方についてです。地域に根ざした活動を行っている私たちが目指しているのは、地域の継続的な発展です。「ＮＳＧ」の名前に込めた新たな意味である「ニュー・サステナブル・グロース（New Sustainable Growth）」には、まさしく新しい持続可能な成長を地域で実現し、それを広げていきたいという思いがあります。

実現のためにはまず自分たちが活動している地域で、イノベーションを起こし続けることが必要だと考えています。世の中は絶えず変化しているので、従来効果を上げていたモデルがいつまでも通用することはほとんどありません。継続的に発展していくためには、従来の方法にとらわれることなく、常に改良・改変を行ったり、新たなイノベーションを起こし続けることが求められるからです。

私たちはこれまで、ときに先頭に立ってリードし、あるいはときに裏方に回ってサポート役になりながら、こうした活動に取り組んできました。これらはいずれも私たちが物事に直接関わって行う、直接的な役割の果たし方です。グループとして最も力を注いでいる「人づくり」もこの中に含まれます。

地域でイノベーションを起こすことは地域の発展につながるので、国や地方自治体はこれまで、地域への支援策として環境整備や挑戦を促す制度の充実などにも力を注いできました。しかし行政が力を注いだからといって、それですべてうまくいくことがないのがイノベーションです。もともとうまくいくことは稀なので、成功するケースを増やすためには可能性のある挑戦の数を増やすなど多くの努力が必要になります。そしてその際に有効な手となり得るのはやはり人づくりで、そうしたことも視野に入れて私たちはこれを活動の中心にしています。

イノベーションや変革の中心には必ず人がいます。実際に現場で活躍しているのはスペシャリストやリーダーですが、その中には斬新なアイデアを持って積極的に行動するイノベーターや、まわりを巻き込んで意欲を持って改革を進めることができる変革リーダーのような突出した動きをしている人もいます。裏を返せば、こういうタイプの人を数多く育成することができれば、地域にとどまらず、より広範に良い影響や恩恵が及ぶ様々なイノベーションや変革が大いに進む可能性があります。

新しいアイデアによって新しい動きが生まれることには、すぐには大きな成果に結び付かなくても、地域を活気付けたり、多くの人に刺激を与えるなどのメリットがあります。スペシャリストやリーダーの活躍に引っ張られる形で、地域の中から前向きかつ積極的に動き始める人たちが出てくることでしょう。彼らが目指すのは必ずしも突出したイノベーターや変革リーダーの道ではないかもしれません。しかしスペシャリストやリーダーが増えるのは喜ばしいことで、それはサポート役として挑戦に関与する人の場合も同じです。熱意を持って活動したり、困難な挑戦をサポートする人たちに支えられながら、多くのイノベーションや変革が大きく進んでいくかもしれないからです。

私たちの人づくりは、スペシャリストやリーダー、そしてサポート役のすべてを対象にしています。どの道を選択するかは、その人自身が望みや適性を見極めながら自ら決めることになります。いずれの場合も意欲を持って挑戦できる、そんな人たちの育成ができたらと考えています。それは何よりも、その人自身の人生を幸福で豊かなものにすることになると確信しています。そしてその人たちの努力の過程や結果として得た果実をまわりに還元することで、その人たちが活動する地域もまた幸福で豊かになることを大いに期待しています。

ＮＳＧグループは人づくり以外にも、安心・安全づくりや、イノベーションを起こすため、あるいはそのサポートのための活動など様々な挑戦を行っています。これらの多くは地域に根付いて活動を行っているので、私たちの努力の過程や結果として得た果実も、当然地域に還元されます。このように人づくりを通じて、さらにそれ以外の活動を通じて地域により多くの利益を生み出すのが、私たちが思い描いている社会貢献のあり方です。これは創業当時からいまに至るまで変わらないものです。

地域から日本全国、世界へ

ＮＳＧグループは地方都市の新潟を中心に活動しているので、私たちの社会貢献の場所は新潟が中心になります。NSGモデルの実践の場としては福島・郡山もあるものの、グループによる直接的な活動の効果が及ぶ範囲はかなり限定的です。一方で私たちが育成に携わった人たちは、新潟や郡山以外の様々な地域でも活動を行っています。彼らの努力の過程や結果として得た果実は、それぞれの地域にも還元されているので、実際に影響力が及んでいる範囲はかなり広範になっているようです。

私たちは実践的人づくりを行っているので、国内の他の地域や海外から就学や就職のためにやって来た人たちが新潟で突出したスペシャリストやリーダー、すなわちイノベーターや変革リーダー、あるいはサポート役になるケースは多々あります。一方で、そういう人たちがあるタイミングで自分の生まれ育った地域に戻ったり、縁が生じた新天地で新たな活動を始めて、かつての経験や学んだノウハウなどを上手に活かしながら活躍しているケースもたくさんあるのです。

また、NSGグループの学校には公務員を目指している人向けのカリキュラムもあるので、これまで受講した人たちが様々な地域で数多く公務員として活動しています。その人たちもNSGスピリットの影響を少なからず受けているので、官の動き方にも地域の活性化をより重視する、いい意味での影響を与えているようです。

そしていまあげたような、私たちが直接関わらない後者のこともまた、私たちが考えている社会貢献の形です。育成に携わった人たちが、最初から、あるいは途中から故郷や縁のある地域で活動することを積極的に応援することで、幸福や豊かさを日本国内の他の地域、さらには海外の他の地域へと広げていくことを目指しています。

このようにＮＳＧグループによる直接的な活動に加えて、育成に携わった人たちの力でそれぞれの地域で幸福や豊かさを実現することも、社会貢献のために私たちが果たすべき役割です。これもまた広い意味での直接的役割の果たし方になります。いずれにしてもこうした動きが活発になるように、いかなる場所でも戦力として、すなわちスペシャシストやリーダー、あるいはサポート役として活躍できる人を育成することが重要であると考えています。

それでは一方の間接的な社会貢献の役割の果たし方というのはどういうものでしょうか。これは地域に幸福や豊かさをもたらす活動を後押しする方策や考え方などを広く発信し、普及させることです。ここでいう方策や考え方というのは、私たちがこれまでの活動の中で得てきたものをモデル化したもの、すなわちＮＳＧモデルと、そのベースにある、開志や自律、郷土愛や地域愛などを含む様々な考え方のことです。これらを広く発信していくのが、社会貢献の間接的な役割の果たし方です。

ある場所で機能しているモデルは、全国どこの地域でもそのまま役立つことはありません。そもそもの成り立ちや環境が多様なので、条件が異なる地域ではそのモデルをそのまま使うことはできないからです。しかし、よその場所で機能しているモデルに触れることは、挑戦心をかき立てる良い刺激になります。またその場所なりのアレンジを行うことで大きな成果を上げることができるかもしれないし、よそのモデルにヒントを得て、異なる新たな自分たちなりのモデルを生み出すこともあります。このように他の場所で機能しているモデルは、見る人が見れば大いに役立つ可能性があるので、NSGモデルを広く発信するのは大事なことだと考えています。

そしてその際には、モデルに関する情報だけでなく、ベースにある考え方を同時に伝えることが重要です。考え方が伝わると、情報を受け取る側は表面的なものではない、より立体的なものとしてモデルを受け取ることができるからです。ベースにある考え方が理解できると、その地域なりの効果的なアレンジを行いやすくなります。ポイントを整理して、自分たちの地域で大事にすべきこと、優先すべきことの判断が行いやすいからです。

私はこれまでNSGグループの創業者として、私たちの活動やそのベースにある考え方に触れた本を、グループを代表する形で数多く出版してきました。これはNSGモデルを具体的な形で示すことでグループ内での共有を促したり、同じ地域で活動している人たち、さらには地域外の人たちに伝えるのが目的でした。直接、あるいは間接的に関わる人たちが目標や意義を理解することで、私たちの活動はより力強いものになります。同時に私たちの活動が大きな刺激や参考になり、他の地域の活動が活性化されることも期待していました。

これらの本を通じて発信してきたことは、それぞれの地域の活性化にそのままの形で活用することはできないかもしれません。しかし刺激を受けたり、参考にしている人はたくさんいるようなので、縁のない地域の活性化のためにも大いに役立っているものと感じています。こうした活動はまさしく間接的な形での社会貢献のために行ってきたことです。これまでと同じ形になるかわかりませんが、このような活動は今後もグループとして、積極的に行っていきたいと考えています。

いま世界で起こっていること

ＮＳＧグループは主たる活動を地域に根ざして行っていますが、世界の動きをいつも注意深く観察しています。私たちはこの姿勢を「ステイローカル（Stay Local）・ルックグローバル（Look Global）」と呼んで大切にしています。

私たちが活動しているのは、世界全体から見ると本当に狭い場所ですが、地域で起こっていることは世界の動きといつも連動しています。そのため事業創造では世界の市場の動向を注視することはたいへん重要になります。一方でまちづくりにおいても、国際情勢の変化による負の影響を大きく受けないようにすることは重要なテーマになります。そのためあらゆることに取り組むときに、私たちは常に世界の動きを見ながら未来に起こるであろうニーズの変化やリスクなどを予測して活動することを心がけています。

世界の動きを観察していて最近感じるのは、近年の変化が与える影響への懸念です。世界はいつも変化していますが、近年の変化はドラスティックといえるくらい大きなものになっているので、それが世界全体にどのような影響を与えるのか心配されます。同時に世界的に広がっているそのような不安を払拭するためにも、ＮＳＧモデルとそのベースにある考え方を広く伝えることの意義がより大きくなっているように感じています。

ＮＳＧグループが活動を開始した一九七〇年代の世界は、ちょうど東西冷戦といわれていた時代の渦中にありました。ソビエト連邦や東ヨーロッパの国々で構成されていた東側の社会主義陣営と、アメリカやヨーロッパを中心とする西側の資本主義陣営に大きく二分される緊張状態の中にありました。その後、この緊張状態が一九八九年十二月に終結すると、経済などあらゆる活動が地球規模で行われるグローバリズムの時代が訪れました。その中で宗教のちがいなどによる新たな対立が深まることもありましたが、世界全体で見ると新興国の著しい経済成長などがあり、発展してきました。

ところが近年は再び大きな対立構造が生まれて緊張が高まっています。アメリカやヨーロッパ諸国、さらには日本を含む民主主義諸国と、中国やロシアなどの国々との対立です。冷戦以降に生まれた様々な対立構造は、一方が相手方をしのぐ大きな力を持っていたので、一部の地域で起こった混乱が世界規模で大きな影響を与えることはほとんどありませんでした。しかし最近の対立は、アメリカ対中国、ヨーロッパ諸国対ロシアのように、大国同士がいがみ合う形になっているため、世界全体に与える影響が非常に大きくなっています。

とりわけ日本は、近隣に中国とロシアという大国があり、この対立の影響をより強く受けることが懸念されます。両国とは領土問題を抱えているものの、これまで経済面では良好な関係を築いていました。しかし民主主義諸国と相対する側との対立が世界的に深まっていく中で、実際に難しい対応を迫られる場面が増えています。加えて日本の近隣には、これらの国以外にも、核兵器の開発を続けている専制国家の北朝鮮があります。地政学的に見ると、世界的な対立が深刻になるほど日本が受けるであろう負の影響はより大きくなるでしょうから、いまは本当にたいへんな状況だと思います。

さらに言えば最近の国際情勢は、冷戦時代の単純な二極化の構造とちがってかなり複雑になっています。民主主義諸国とそれに相対する側との二つの大きな極以外にも、多様な考えで動いている国々が多々ある、まさしく多極化の時代になっています。たとえば世界一の人口を誇るインドは独自路線を歩んでいますし、ブラジルをはじめとする南米諸国、東南アジア諸国、中東諸国、アフリカ諸国などはそれぞれ発展を遂げて、世界の中で存在感を高めています。このように複雑化した多極社会の中で、世界の舵取りは本当に複雑で難しいものになっています。

ＮＳＧグループは民間の立場で活動しているので、激しく変化する国際情勢に対して直接的になんらかの働きかけをするような関与の仕方はできません。しかしそうした中でも地域のため、日本のため、さらには世界のプラスになることをできる範囲で積極的に行っていきたいと考えています。具体的なことはこれまでとなんら変わりませんが、人づくりを通じた直接的な社会貢献、そして地域で一定の成果を上げているＮＳＧモデルとその考え方などの情報発信による間接的な社会貢献などが大きな柱になります。

私たちの学校は県外や海外からの入学者も数多くいるので、地域にとどまらず、広範に影響を与えることができます。実際、専門学校では約３割、大学は約５割が県外や海外からの就学生であり、大学院にも多くの留学生がいます。彼らがいずれそれぞれの地域や国に戻ったときに、イノベーションや変革を起こすことで、それぞれの地域発による世界にとってより良い状況が生まれることを大いに期待しています。同時にＮＳＧグループと直接関わりのない人たちにＮＳＧモデルを伝えるために、これまで以上に多言語による情報発信を行っていく必要性を強く感じています。

負の影響を受けない地域をつくる

ＮＳＧグループが目標としていることに、地域に人々が幸福や豊かさを感じることができる、循環型の社会を築くことがあるという話をしました。人々が生活していく上で必要になるものの多くを地域で供給することができる、地産地消が充実している社会のことです。最近の世界情勢の変化を見ると、その必要性がますます高まっているように強く感じています。

私たちが目指している循環型社会の姿は、生活に必要な食料、物やサービス、エネルギーや社会インフラ、さらには雇用などを含めて、人が生きていく上で必要になるものを可能な限り地域でつくり出すことができる状態です。いわば究極の地産地消が実現可能な社会です。

そんなことは不可能と思われるかもしれませんが、新潟県の場合、すでにカロリーベースの食料自給率は100パーセントを上回っています（※二〇二〇年度は111パーセント）。緊急時に究極の地産地消を実現するのは現段階でも十分可能なのです。

もちろん個々の製品やサービスなどの競争力を考えると日常的に実現するのは難しく、実際には多くのものを地域外とのやり取りでまかなうことになるでしょう。それでもいざというときには地域ですべて代替できる能力を持つことが大事です。そのために私たちは、事業創造を通じてあらゆることに挑戦していきたいと考えています。

これらは幸福や豊かさにつながる、地域における安心、安全な生活を実現するために必要なことです。多くのものを地域外に依存している状態では、人々の生活が地域外で起こっている様々な問題に大きな影響を受けることになります。たとえば二〇二二年のロシアのウクライナ侵攻では、エネルギーや小麦などの食料の供給の滞りを招き、世界中がエネルギー不足と食料不足の大きな影響を受けました。また同じ時期、中国のゼロコロナ政策によって世界の物流の拠点になっていた上海がロックダウンしたときには、物流の滞りによってやはり世界の経済活動が大きな影響を受けました。

このように平時はうまく回っているものが、有事になると途端に崩れて、負の影響が大きく広がるというのはよくあることです。その際、代替手段がないと、マイナスの影響はより大きく、なおかつ長く続くことになります。そんなことにならないような備えをしておくことが重要で、これは国家はもちろん地域においても同じです。

そして地域における循環型社会づくりの推進は、世界情勢など外的要因に左右されにくい強い地域をつくるものなので、いざというときのための備えとして積極的に取り組む必要があります。民間の立場ではできることに限りはあると思われるかもしれませんが、そんな中でも事業創造によって最大限の努力を行うことで道を切り開いていけると私たちは確信しています。もちろん安心、安全の生活を実現するための備えとしては国際情勢の変化への対応だけでは不十分です。毎年のように日本各地で大きな被害を及ぼしている豪雨や台風、さらには地震などの自然災害への対策も必要でしょう。こちらも民間の立場であろうと、知恵を出してできる限りの備えをすることで、発生したときの被害を小さく抑えたり、被災後の人々の生活を守ることが可能であると考えています。

こういう備えは地域だけ見ていてはできません。地域にいながら、地域で活動している場合でも、日本全体や世界全体の動きに絶えず目を向ける必要があります。求められるのは私たちが大切にしている「ステイローカル・ルックグローバル」の姿勢です。これはどのような場所であろうと、またいかなる立場でいかなる活動をするときにも持つべき姿勢ではないでしょうか。

地球全体で見ると、自分たちがいる地域は取るに足りない狭い場所ですが、そこで起こっている営み、あるいは自然現象は世界とつながっています。注意深く観察すると、地球上で起こっているあらゆることが地域の営みに大なり小なり影響を与えていることがわかります。本当の意味で強い地域、さらには強い日本をつくるためには、このように視野を広く持って注視することが大事です。幸福や豊かさにつながる安心、安全な状態は、そのような視点で活動することでより強固にすることができるものです。これは個人の場合も同じです。

世界を揺るがす問題の解決に必要なこと

いま述べたのは、起こった現象に対処する受け身の対策です。一方で問題を起こさせないようにする、より積極的な対策を講じると、地域の場合であれ個人の場合であれ、幸福や豊かさはより実現しやすくなります。

たとえば自然災害のようなものの場合は、人の力で発生を止めることは不可能です。人の営みを唐突に破壊する大地震の発生を完璧に防ぐ術は、残念ながら私たちは持ち合わせていません。これは豪雨や台風なども同じですが、これらが地球温暖化を原因とするものなら、温暖化対策を進めることで発生や発生の規模を抑えることができるかもしれません。いざというときのための備えであったり、発生したときの被害を小さく抑える「減災」のための努力と同時に、こうした根本的な対策になり得ることを進めるのも意味のある大事なことです。

こうした対策は、一個人はもちろん、一企業、一地域だけで進めても大きな力になりません。しかし幸いにして私たちには現在、国連が掲げているＳＤＧｓのような、世界が協力して達成すべき目標として位置付けているものがあります。こういうものを意識して、多くの人、企業、国が同じ目標に向かって努力することでより大きな力にすることはできます。これはやはりそれぞれの活動の中に積極的に取り入れるべきではないでしょうか。

その際、ＮＳＧグループの果たすべき役割には、直接的な貢献だけでなく、情報発信などの間接的な貢献の形もあります。たとえば私たちの場合は、ＳＤＧｓとはやや異なる視点から環境保護の大切さを認識しています。このように価値観が異なる人たちが、自分たちの文化をうまく取り込みながら同じ目標に向かって進んでいくのを後押しすることで大きな力にすることができます。

ちなみに私たちの場合は、「自然との共生」が今後の活動の大きなテーマであると認識しています。ベースには日本の文化に根付いている神道の「自然崇拝」があります。神社には必ず境内や周辺に、神域を守る鎮守の森が設けられています。これは自然の持つ強大な力を恐れると同時に敬う神道の考え方に基づくものです。このようにもともと自分たちの中にある考え方を強調するのは、同じ文化の中で人々が歩んできたこの日本で環境保護の活動を進める際に、大きな力になるのではないでしょうか。

一方で、世界に対しても私たちがなすべきアプローチはあります。その話をする前に、いまの世界の状況について考えてみることにします。

世界には、様々な文化を背景にして様々な考え方をする、実に多種多様な人たちがいます。欧米と日本の経済発展が先行していたかつての時代とちがって、いまは中国、ロシア、ブラジル、インドをはじめとする経済的に後発とされていた国々が世界の経済市場で大きな存在感を示しています。また、東南アジア、中東、アフリカなど様々な地域で様々な国が経済を発展させています。これに比例する形で国同士の関係は、多種多様な文化や考え方を背景にして以前に比べて非常に複雑なものになっています。

もともと国家は、自国ファーストを基本に運営しています。グローバル化はこの枠組みを壊そうとするものでしたが、実際に進めてみると大きな壁にぶつかりました。たとえばヨーロッパでは、ＥＵという連合組織をつくって成熟した社会づくりを目指す壮大な実験が行われましたが、開かれた社会になる中で、経済的に弱かった国々でもともとの産業が成り立たなくなったり、安い労働力が移民の流入という形で押し寄せて多くの人が職を失ったり、あるいはテロリストが流入しやすくなって社会の安全性が損なわれるなど多くの問題が生じました。アメリカなど他の社会も同じで、経済優先で開かれた社会が目指されたものの、その弊害が顕著になって、いずれの場合も逆に自国ファーストを求める傾向がより強まりました。

こうした風潮に後押しされて、様々な国で自国ファーストの主張や行動が顕著になっているのがいまの世界ではないでしょうか。自国の利益を最優先することはおかしなものではなく、むしろ自然な姿なのかもしれません。しかし国家間の問題でお互いが自国の利益だけを主張していたら話はまとまらず、行き着く先は力と力の衝突、つまり戦争になってしまいます。実際、そのような形で、多くのことを経験しながら成熟してきたはずのこの世界で、いまも多くの戦争が起こっています。

もちろん人の力が及びにくい自然災害への対応とはちがって、国家や民族、宗教の対立などを背景とする人間同士の問題では、トラブルを起こさせないための努力がより大きな力になる可能性が高まります。そしてその際には、異文化との向き合い方や対立の収め方など、日本の文化の中にある様々な知恵が大いに役立つと思われます。これらはＮＳＧモデルの中にもあるものなので、私たちが積極的に情報を発信することで、世界で起こり得るトラブルの解決に少しでも寄与できるのではないかと期待しています。

残念ながらいまは、かつてのように力で相手を従わせようとするシーンが目立つ社会になっています。国家間で生じている問題がある場合、力を持つ国が武力による威嚇や行使によって自国に有利な状況に導こうとすることが頻繁に見られます。この状態を放置するのは危険で、悪しき手本に触発されて、同じような道を進もうとする国がますます増えていくことになるかもしれません。そうなると人々の生活は、私たちが目指している幸福や豊かさからさらにかけ離れていくことになるでしょう。

そんな状況の中でも、自ら動くことで困難な状況を打破していくのがＮＳＧグループです。「民間の立場でなにができるんだ」と思われるかもしれませんが、私たちが力を注いでいる事業創造にはそれだけ大きな可能性があると確信しています。こうした直接的な貢献に加えて、人づくりによって問題解決に臨む理想的なリーダーを育成したり、困難な時代に必要となるリーダー像を示して広く情報発信することで、世界中の様々な地域から理想的なリーダーが登場するのを促すこともできるでしょう。

大きな力を背景に自分の主張を通そうとする相手は本当に厄介で、まともにぶつかると行き着く先は戦争になってしまいます。かといって相手の主張をなんでもかんでも聞き入れていたら公平性のある関係は築くことができず、弱いほうが大損をします。そんな中で話をうまくまとめるには、相手のことをよく理解して、ときに相手を諭しながらうまい落としどころをつくっていく力が必要です。実際に話をまとめるのはかなりの困難を伴いますが、武力衝突を避けて平和的に解決するには、話し合いの最前線に立つリーダーやそのサポート役がこのような力を持って粘り強く交渉していくしかないように思います。

求められているのは、自分とは文化や考え方が異なる人たちを理解する力と、全体を俯瞰して見ることができるグローバルの視点です。意外に思われるかもしれませんが、日本人には昔から、異質のものや人との付き合いを上手にこなしてきた一面があります。これは日本の文化に由来する気質のようです。そしてこうしたことを前提に私は、日本的リーダーがその力を国際舞台で発揮して、国際社会の秩序の維持に大いに貢献することを期待しています。同時にそのための後押しになることをできる範囲で行っていきたいと考えています。

ここでいう日本の文化に由来する気質は、土着の宗教である神道に象徴されています。神道は、世界の宗教を代表するキリスト教やイスラム教などの一神教と大きく異なる、多種多様な神様をまつる多神教です。かつて海外から仏教が日本に伝えられたとき、これを排除せずに受け入れて融合させました。これは中庸を柱にして、和の精神を尊ぶ日本人の寛容さによるものではないかと考えられています。ちなみに中庸というのは、考え方や行動が一つの立場に偏らずに中正であるとか、過不足がなく極端に走らないということです。

ちなみにその神道も一時期は、一神教の道を進んだことがありました。明治から昭和にかけての時代の国家神道化がそれです。当時の日本は欧米を手本に邁進していて、多神教では非文明国家になるということで宗教もまた欧米の一神教の形を真似たようです。しかしこれは後に国家を無謀な戦争へと向かわせる要因の一つになったとされているのは周知のとおりです。

こうした特殊な時代を除くと、日本は多神教の神道をベースに異質なものに対して比較的寛容な態度で接してきました。これは一万年の間、大きな戦争がなかったとされる縄文時代から脈々と続いている日本の文化の中にあるものが大きな影響を与えているものと思われます。聖徳太子の十七条憲法にある「和を以て貴しと為す」は、それを初めて明文化したものではないでしょうか。何事をやるにも、みんなが仲良くやり、いさかいを起こさないのが良いという意味の言葉です。

私たちにとっては当たり前のことになっていますが、この寛容さは他に類を見ないもののようです。他の国の人から、日本人は自分の意見がないとしばしば誤解されるのは、このことも一因になっているようです。いずれにしても、多種多様な考え方が混在しているグローバルの世界で意見をまとめるには、中庸や和の精神をど真ん中に置いて動いている、このような日本的感覚が非常に大きな力になるのではないでしょうか。

それぞれが自分の思いだけを主張していたら、話はいつまで経っても平行線のままです。力と力のぶつかり合いではなく、平和的な方法で話をまとめるためには、お互いのことを理解して、押すべきところは押し、引くべきところは引くという柔軟さが必要です。もちろんその前提として、対等な立場で交渉することができるように、循環型社会づくりを進めて自立した状態をつくることも必要でしょう。いずれにしてもこの交渉は非常に難しいもので、多様なものを融合させてきた文化の良さを理解している日本的リーダーのようなタイプの人たちでなければ成し遂げることができないでしょう。

そして私たちは、こうした手法が世界のトレンドになるくらいに日本的リーダーをたくさん育てて、その中から国際社会のために力を発揮する人が出てくることを期待しています。同時に、彼らを後押しする自立した環境づくりも進めていくことになるでしょう。その一方で、このような手法のメリットやモデルづくりのノウハウを出版物などを通じて、国内だけでなく海外にも広く知らしめていけたらと思います。すぐに現状を変えることはできないかもしれませんが、これがいま私たちができる社会貢献です。

理念と解決策をもって積極的に行動する

人が生きていく中で、困難な状況にぶつかることはよくあります。自然の力や強大な人の力が及んでいる場合はいかんともしがたく、無力さを感じて打ちひしがれてしまうことでしょう。しかしそれでも人は生きていかなければなりません。それなら現状を嘆くよりむしろ困難な状況を楽しむくらいの気持ちでいたほうが、人生はより充実したものになるでしょう。

このように多くの人に別の可能性があることを伝えて、考えや行動を変えるきっかけを提供できるのが教育の力です。もちろん単なる理想論を述べているだけでは、人の心に響かず、参考にもなりません。最も説得力がある伝え方は、思いと同時に戦術を示し、それを上手に活用している姿を参考例として示すことです。これも教育に携わる者の務めです。

ＮＳＧグループは、人づくりを活動の中心にしながら、これまで多くのことを実践してきました。その中にはうまくいったことだけでなく、うまくいかなかったこともたくさんあります。これらはいずれも貴重な学びの機会になっていたのは確かです。こうした経験を通じて、自分たちの考えや戦術の善し悪しや、より良いものに修正するために必要なことを学んできました。それらを広く発信して多くの人に役立ててもらうのも私たちの役割だと考えています。

こうした経験を通じて改めて痛感しているのは、何かを成し遂げるときには強い思いと確かな戦術をもって臨むことが大切であることです。これらがあれば困難な状況にぶつかったときにも前に進むことができます。現実は甘くないので、妙手によってすべてを一気に好転させるようなことはなかなか起こりません。しかし前向きな気持ちで継続的に活動することができれば、それ以上状況が悪化するのを防いだり、逆に少しずつ状況を変えていくことはできます。

困難な状況を前にしたとき、諦めるのは簡単ですが、それでは何も変わらないどころか状況がどんどん悪化することが多いようです。そういう場合は、自分なりに対処法を考えて、あがいてみるといいでしょう。その努力がすぐに報われることはないかもしれませんが、その経験は必ずや大きな糧になります。そもそも人生は新たなことへの挑戦の連続ですから、自分なりに必死にあがいたことは、これから先の様々な挑戦の際の手助けになるでしょう。

私たちもまた、そのような考えで活動してきました。どんなに困難な状況でも挑戦し続けるのがＮＳＧグループのスピリットです。これはこれから先も変わることはありません。もちろん何でもかんでも挑んでいけばいいということではなく、理念を大事にしつつも、一方で確かな戦術をもってタイミングを見極めることも大事です。実際、時期尚早と判断したときには、私たちも一時的に挑戦を諦めることが何度もありました。これもグループ全体が安定的かつ継続的に活動を行うために必要なことですが、ともすれば平穏な状態に安住しかねないので、日々理念を思い返しながら挑戦心を奮い立たせています。

ＮＳＧモデルで世界を変えていく

本書の中で何度も出てきたＮＳＧモデルについて改めて触れておきます。これは私たちの挑戦事例だけでなく、その背景にある考え方やＮＳＧグループのスピリットなどすべてを含むものです。

ＮＳＧグループの力や実績は世界規模で見ると小さなものかもしれません。しかし私たちが活動している地域では、幸福や豊かさの実現に一定の寄与ができていると自負しています。

日本の中の一地域の挑戦は些細なものかもしれませんが、他の地域がＮＳＧモデルの詳細を知ることはいい意味での刺激になります。また自らの進む道を決める上で参考にすることもできるでしょう。ＮＳＧモデルに触発されて、様々な地域発の新たなモデルが次々と生まれてくることを大いに期待しています。

そして私たちはそれらから大いに刺激を受けたり、参考にしながら、ＮＳＧモデルをさらに進化させていければと考えています。私たちがＮＳＧモデルを積極的に発信しているのは、このような理由もあります。

様々な地域が刺激を与え合うことは、うまく利用すればそれぞれがより高みに上がっていくための力にすることができます。そしてこのような好循環を、日本国内のみならず世界につくることが、私たちが目指している究極の目標です。こうした流れをつくることで、幸福や豊かさが世界中に広がっていくことを期待しています。

もちろん実際には、私たちの描いたとおりにいかないケースも多いことをよく知っています。世界には多くの別のモデルが存在しますが、その中には私たちが目指している幸福や豊かさとは真逆の状況に向かわせるものがたくさんあります。そのようなモデルが幅を利かせている地域では、人々の生活は過酷で厳しいものになっているようです。そうした状況を一気に改善させる力を持っていない以上、それをただ見ているしかありません。

そんな中でも私たちは、ＮＳＧモデルの発信を根気強く行ってきました。世界の各地域の状況を一気に変えることはできませんが、刺激を与えることで、それぞれの地域の中から人々が立ち上がってくるのを促したり、彼らの活動を地域のプラスになる方向へいざなうことはできます。私たちの活動はあくまで地域が中心になりますが、グローバルな視点を持ちつつこのように私たちができる最良の方法や形を模索しながら、社会貢献のための活動を続けてきました。

困難な問題を前にしたとき、あきらめるのは簡単です。しかしそれではなにも変わりません。そんな中でも挑戦をあきらめることなく、現状を分析しながら打開策を模索し、最良のタイミングで最善の策を実行するのがＮＳＧグループのスタイルです。不屈の精神を大事にする挑戦者としてイノベーションや変革を起こしながら、これからも多くの人や地域に刺激を与えることができたり、参考になるような活動を行っていけたらと思います。

あとがき

ＮＳＧグループは二〇二六年に創立50周年を迎えます。この半世紀の間、私たちは「人々の幸福と豊かさを実現するために　社会のニーズに合った事業の可能性を追求し　地域社会・国家・国際社会の発展に寄与する」という経営理念のもとに邁進してきました。目指しているものの実現のために必要な様々な新規事業にも戦略を立てて果敢に挑戦してきましたが、この挑戦心に象徴されるＮＳＧスピリットはこれからも引き継いでいかれるものと思います。

私は物事の軽重を表現するとき、「不易と流行」という言葉を好んで使います。本書の中でも使っていますが、ここでいう不易は普遍の真理のことで、一方の流行は時代の変化の中で移り変わるものです。私たちの活動でいうと、志や哲学などがこの不易になり、これらを実現するためのツールや手段などが流行ということになります。

志や哲学などは私たちの活動の芯になる部分で、不易のものとして守り続けることが大事です。それが一貫性のあるぶれない活動につながり、まわりからの大きな信頼を得ることにもつながります。一方の流行は、むしろ時代の流れの中で柔軟に変えていかなければならないものです。世の中は絶えず変化しているので、求める結果を得るためには自分たちもまた柔軟に変わりながら対応することが求められるからです。

よくあるのは、この不易と流行の扱いの誤りです。とくに一定の成果を得た成功体験がある人や組織は、不易でないもの、すなわちそれまで機能していたツールや手段に強く固執する落とし穴にはまることがよくあります。自分たちを取り巻く環境など制約条件が大きく変化して成果が出しにくくなっているのに、それまでの成功体験に引きずられて従来型にこだわり続けたがるのです。本来流行であるはずのものを不易のものとして扱っているのですから、これは大きな誤りです。

この落とし穴はどんな人でも陥る危険性のあるものです。私たちはそのことをこれまでの活動の中で体験的に学びました。ともすると数ある選択肢の中でなるべく楽なものを選びたがるのが人間です。それまである程度の成果が出ていたらなおさらで、苦労して新しいことに挑戦するより、従来と同じことを継続する道をつい選びたくなります。しかしそういうときこそ挑戦することの素晴らしさを思い起こしつつ行動することが大事です。私たちはそのことを教訓にして、それまで経験したことのない新しいことにも、それによって明るい未来が切り開かれることを信じながら積極的に取り組んできました。

本書の中でも触れていますが、挑戦することは本来、新たな道を切り開くことができる素晴らしいことです。そこには大きな希望や喜びがあります。私たちはそのように考えて、明るい未来につながる挑戦を大切にしています。もちろんせっかくの挑戦が無謀なものにならないように、挑戦するタイミングを見極めたり、効果的な戦略を練り上げることを心がけています。不易なもの（志や哲学）の実現を重視しつつ、流行（ツールや手段の効果や可能性）をしっかりと見極めながら様々な活動に取り組んでいるのです。

そして私たちが積極的に発信しているＮＳＧモデルには、このようにうまくいったこと、うまくいかなかったときのことを含めて、実体験の中で得られた教訓がたくさん含まれています。それらは私たち自身の活動はもちろん、他の地域で様々な活動を行っている人たちにとっても参考になる部分があるのではないでしょうか。本書を読んで何かしら感じられたことがあれば、それをぜひみなさんの住んでいる地域の活性化のための活動や、さらにはみなさん自身の幸福で豊かな人生の実現のために役立てていただければ幸いです。

最後になりますが、本書の出版にあたって様々な助言をしてくださった方々、尽力してくださった方々に心から感謝しつつ、本書が私たちＮＳＧグループの活動のさらなる活性化、そしてみなさんの住んでいる日本の他の地域、さらには世界の他の地域をより良いものにするための活動の活性化の一助になることを祈願しています。

二〇二三年の立春の日、古町愛宕神社にて記す

池田　弘（いけだ ひろむ）

実業家。NSGグループ会長、アルビレックス新潟取締役会長、愛宕神社宮司などを務める。早稲田大学大学院スポーツ科学研究科修士課程修了。2006年、藍綬褒章受章、2013年、渋沢栄一賞受賞、2019年、旭日重光章を受章。

1949年、新潟市古町(現・新潟市中央区古町)にある愛宕神社の宮司の家に生まれる。高等学校を卒業した後、國學院大學で神職を学び、1977年に愛宕神社宮司となる。同年、新潟総合学院を開校し、理事長に就任。

創業し、現在会長を務めるNSGグループは、新潟県、福島県、東京都を中心に、大学院大学、大学、専門学校、高等学校、学習塾、資格試験スクール、英会話スクールなどの教育関連をはじめ、医療・福祉・介護・保育、商社、広告代理店、建設業、ホテル、給食、IT・ソフトウエア、起業支援・アウトソーシングなどの事業を展開する110法人で構成され、幸福で豊かな社会の実現に取り組んでいる。1996年、アルビレックス新潟代表取締役に就任。地域密着型のビジネスモデルによるチーム運営で、屈指の観客動員を誇る人気チームに育てる。現在は起業支援にも力を入れ、501社の公開並み企業の立ち上げ、育成を目指すプロジェクトに取り組んでいる。以上の役職に加え、日本ニュービジネス協議会連合会会長、新潟経済同友会特別幹事、日本ベンチャー学会副会長などを務める。『ライフデザイン力 未来を切り開く力の育み方』(東京書籍)、『地方イノベーション 強い地方こそが日本の明日を創る』(日経BP社)、『かなえる力』(東京書籍)、『私と起業家6人の挑戦 自分の道を探す若者たちへ』(ウイネット出版)、『地方の逆襲「格差」に負けない人になれ! 』(PHP研究所)、『神主さんがなぜプロサッカーチームの経営をするのか』『奇跡を起こす人になれ! 』(以上、東洋経済新報社)、『アルビレックス新潟の奇跡―白鳥スタジアムに舞う』(小学館)など著書・関連出版物は多数。

ブックデザイン　髙木 孝子（DNPメディア・アート）

人づくりで幸せと豊かさを
――NSGグループの挑戦

令和5年4月22日　第1版　第1刷発行

著　者　池田　弘

企　画　株式会社NSGホールディングス

発行者　遠山幸男

発行所　株式会社ウイネット
〒950－0901
新潟県新潟市中央区弁天三丁目2番20号
弁天501ビル 5F
電話　025－246－5955（代表）
　　　025－246－9172（営業部直通）
HP　https://www.wenet.co.jp/

発売所　株式会社星雲社（共同出版社・流通責任出版社）
〒112－0005
東京都文京区水道1－3－30
電話　03－3868－3275

印刷・製本　大日本印刷株式会社

ISBN 978-4-434-31992-1 C0034